KB119753

내 모든 습관은
여행에서 만들어졌다

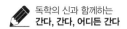

독학의 신과 함께하는
간다, 간다, 어디든 간다

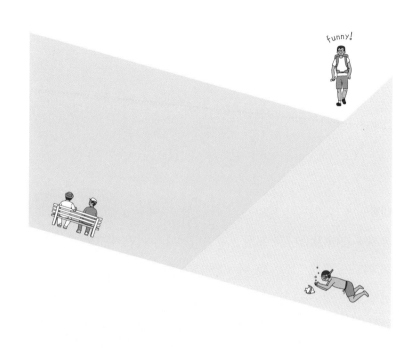

funny!

내 모든 습관은
여행에서 만들어졌다

김민식 지음

위즈덤하우스

떠나보기 전에는 모른다

대학교에 갓 입학한 1987년의 어느 봄날, 이웃에 있는 건국대학교 축제에 놀러 갔습니다. 교정을 돌아다니다가 어떤 대자보 제목을 보고 저도 모르게 그쪽으로 뛰어갔어요. "올 여름방학에 자전거 타고 전국 일주 할 사람, 모여!"라고 쓰여 있었거든요. 가슴이 막 뛰었어요. 중·고등학교 시절 시골에서 자전거를 타고 학교에 다녔는데요, 나중에 대학생이 되면 꼭 한 번 자전거로 전국 일주 해야지 생각하곤 했어요. 대자보 앞에 이르렀는데 제목 아래에 이렇게 쓰여 있더군요. "건국대학교 취미 사이클부 신입회원 모집 중"이라고요.

'에이, 뭐야. 동아리 회원 모집한다는 거잖아. 그나저나 건대 자전거 동아리는 전국 일주도 가는구나. 부럽다!'

같이 가고 싶은 마음이 굴뚝같았던 저는 물어물어 동아리방을 찾아가 쭈뼛쭈뼛 안을 들여다봤어요.

"어떻게 오셨어요?"

"신입회원 모집 공고 보고 왔는데요?"

방에 있던 선배들이 난리가 났어요.

"들어와요, 들어와."

"그런데요, 저기… 문제가 하나 있는데요."

"괜찮아요, 괜찮아. 자전거 없어도 돼요. 우리 동아리에 남는 자전거 있으니까 빌려줄게요. 일단 들어와요."

아, 생각해보니 자전거도 없더군요.

"저, 그런 문제가 아니고요."

"괜찮아요, 괜찮아. 자전거 탈 줄 몰라도 돼요. 처음엔 운동장에서 뺑뺑 도는 연습만 할 거예요. 선배들이 안장 뒤를 잡고 같이 돕니다. 걱정 말고 들어오세요."

"저, 그런 문제가 아니라요. 제가…, 한양대생인데요."

갑자기 분위기가 싸해집니다. 웅성웅성 난감한 표정들입니다.

"저희는 연합 동아리가 아니고, 이 학교 동아리인데요."

"알고 있습니다."

"그런데 왜…?"

"자전거 타고 전국 일주, 꼭 하고 싶습니다!"

뭐라고 해야 할지 다들 서로 눈치만 살피더군요. 그때 구석에서 조용히 자전거 체인을 감고 있던 선배 하나가 벌떡 일어났어요.

"생각해보니까 말이야. 우리 동아리 회칙에 '타교생은 입회가 안 된다', 뭐 그런 조항은 없어. 들어오세요. 같이 갑시다, 전국 일주."

사실 그런 조항이 왜 필요하겠어요. 세상에는 해도 되는 일과 하면 안 되는 일이 따로 있는 줄 알았거든요? 그런데 성문화된 조항이 있는 건 아니더군요. 그냥 우리가 머릿속에 그어놓은 선이에요. 스무 살의 그날, 깨달았어요. 해도 되는지 안 되는지는 가서 물어보기 전에는 알 수 없다는 걸.

대학을 졸업하고 영업사원으로 직장생활을 시작했어요. 세일즈맨으로 전국의 치과를 돌며 의료 용품을 팔았는데, 의사들에게 문전박대를 당하는 생활이 지긋지긋해서 좀 더 재미난 일을 해보고 싶어졌어요. 그래서 사표를 던지고 외대 통역대학원에 진학했어요. 통역도 딱히 재미있는 건 아니더라고요. 통역이 재미있으려면 연사의 연설이 재미있어야 하는데 그건 제가 어떻게 할 수 있는 일이 아니잖아요. 내가 직접 재미난 무언가를 만들고 싶다는 생각에 예능 PD에 도전하고 싶었어요. 친구에게 그랬죠.

"나 방송사에 가서 예능 PD 한번 해보고 싶어."

"광산학 전공에 외판 사원으로 일한 경력밖에 없는데, 그런 널 뽑아주겠냐?"

"뽑아줄지 안 뽑아줄지 가서 물어보기 전에는 알 수 없지."

많은 사람이 입사 지원서를 쓰기 전에 포기합니다. '당연히 안 될 거야' 하고요. 세상에 당연히 안 되는 일이란 없습니다. 될지 안 될지, 해보기 전에는 몰라요. 저는 지금까지 살면서 숱하게 거절을 당했어요. 대학 입학 원서 냈을 때 거절당했고(입시 1지망 탈락), 입사 원서 냈을 때 거절당했으며(여덟 군데 지원하여 일곱 군데에서 1차 서류 전형 탈락), 소개팅 나가서도 거절당했어요(소개팅, 미팅, 과팅 다 합쳐 20회 연속 퇴짜). 숱하게 거절당하던 어느 날 결심했어요.

"남이 나를 거절할 수는 있어도 적어도 내가 나를 거절하지는 말자. '에이, 네가 그런 일을 할 수 있겠어?' 하고 지레 포기하지는 말자."

그 봄날 입회 면접(?) 이후 저는 당당히 동아리 회원이 되었고, 동아리 티셔츠도 받았어요. 아주 기분이 좋아서 자주 입고 다녔는데, 강의실에서 가끔 친구들이 물었어요.

"그 옷 뭐야?"

"이거? 우리 동아리 티야."

"동아리 가입했어? 어딘데?"

"건국대학교 사이클부잖아."

아마도 그때부터인 것 같아요. 제가 '또라이'라는 말을 수시로 듣게 된 게 말이지요.

2017년 회사에서 "김장겸은 물러나라!"라고 외쳤을 때, 그 페이스북 동영상을 본 아내도 그랬어요.

"당신이 이렇게까지 했는데 MBC 내부에서 동조하는 사람이 아무도 없잖아? 그럼 당신은 그냥 또라이야. 경영진은 아마 그러겠지. '봐라, 김민식이 혼자 그러다 말잖아. 왜? 쟤는 또라이니까'라고. 당신 혼자 또라이 되고 말 텐데, 그거 감당할 수 있겠어?"

"뭐, 괜찮아. 그런 이야기 하도 들어서 별로 신경 안 써."

남들 눈에 내가 어떻게 보이느냐는 별로 신경 쓰지 않아요. 지금 이 순간, 내가 하고 싶은 일이 있는데 그걸 하느냐 못 하느냐만 신경 씁니다. 남이 나를 어떻게 평가하든 그건 그 사람의 몫이에요. 내 인생을 어떻게 사느냐는 나의 책임이고요. 하고 싶은 일이 있으면 그냥 합니다. 인생에 뭐가 더 있겠어요.

기대했던 대로, 그해 여름방학 때 자전거를 타고 전국 일주를 했어요. 열흘 동안 전국을 도는데, 하루에 200킬로미터씩 달리기도 했어요. 가장 아름다운 구간은 포항에서 속초까지 올라가는 동해안 7번 국도였어요. 왼쪽엔 태백산맥, 오른쪽엔 동해. 오르막에서 온 힘을 다해 페달을 밟아 고개 정상에 서는 순간 눈앞에 바다가 펼쳐져요. 그렇게 한숨 돌린 후에는 짭짤한 바닷바람을 얼굴로 맞으며 내리막을 시원하게 달립니다. 동해안 7번 국도를 따라 달리다 서울로 오려면 산을 하나 넘어야 합니다. 바로 설악산이죠. 구불구불 이어진 한계령 고갯길을 자전거로 오릅니다. 경사가 심하다고 자전거를 끌고 오르면 반칙이에요. 무조건 자전거를 타고 페달을 밟아 한계령을 올라야 완주 인정을 받습니다.

자전거로 산을 오를 때 나름의 요령이 있어요. 먼 곳을 보면 안 됩니다. 시야를 저 멀리 정상에 고정하면 힘들게 페달을 밟아도 진도가 나가는 것 같지 않아 금세 지칩니다. '아, 저기가 오르막의 끝이구나' 하고 속단해도 안 돼요. 한계령 차도는 굽이굽이 산을 돌아 나 있는데요. 고갯길 끝에서 길이 꺾어지며 새로운 오르막이 나타납니다. 속절없는 희망에 속고 또 속다 보면 기운이 빠져 완주를 포기하게 되지요. 시선을 코앞에 있는 아스팔트에 고정해야 합니다. 기어를 최대한 낮추고 오른발, 왼발 꾸준히 페달을 밟습니다. 시선이 바로 앞에 있으니 앞바퀴가 구르면서 조금씩 나아가는 걸 실감할 수 있어요. 매 순간 이뤄내는 작은 성취에 집중합니다. 그러다 보면 어느 순간 갑자기 눈앞이 확 트이면서 정상에 서 있게 돼요.

살다가 힘든 일이 있으면 스무 살의 한계령을 생각합니다. 너무 멀리 보지 않고, 바람이 금세 이뤄질 거라고 함부로 속단하지도 않아요. 지금 이 순간 내가 할 수 있는 일에 집중합니다. 유배지로 쫓겨났던 저는 대기 발령과 징계 처분을 받은 끝에 드라마국으로 복귀했는데요. 몇 년 만에 드라마국 사무실에 가니 제 책상 위에 후배가 두고 간 박노해 시인의 시집이 있더군요.《그러니 그대 사라지지 말아라》(느린걸음, 2010)라는 시집인데, 그 책을 읽다 〈한계선〉이라는 시를 만났어요.

한계선

-박노해

옳은 일을 하다가 한계에 부딪혀
더는 나아갈 수 없다 돌아서고 싶을 때
고개 들어 살아갈 날들을 생각하라

여기서 돌아서면
앞으로 어려운 일이 생길 때마다
너는 도망치게 되리라

여기까지가 내 한계라고
스스로 그어버린 그 한계선이
평생 너의 한계가 되고 말리라

옳은 일을 하다가 한계에 부딪혀
그만 금을 긋고 돌아서고 싶을 때
묵묵히 황무지를 갈아가는 일소처럼

꾸역꾸역 너의 지경을 넓혀가라

살다가 힘든 순간이 오면 스무 살의 그날을 떠올려봅니다. 건대 교정에서 대자보를 봤을 때를 생각해봐요. '지금 이 순간, 설레는가?' 스스로에게 물어봅니다. 나를 설레게 하는 걸 찾아갑니다. 때론 새로 산 중국어 초급회화 교재가 나를 설레게 하고, 매일 아침 만나는 블로그의 하얀 창이 나를 설레게 합니다. 창밖으로 보이는 화창한 날씨가 나를 설레게 하고, 출근길에 보이는 한강 자전거길이 나를 설레게 합니다. 설렘을 안고 떠난 여행길에서 새로운 습관을 만나고, 새로운 나를 만났어요.

삶의 재료는 시간이고, 좋은 삶을 만드는 건 좋은 습관입니다. 좋은 습관은 시간을 내 편으로 만들어주고, 나를 성장시킵니다. 여행을 통해 꾸역꾸역 나의 경계를 넓혀갑니다. 나라는 사람을 만들어온 여정, 제 평생의 여행 이야기, 지금부터 시작합니다.

차례

프롤로그 | 떠나보기 전에는 모른다 … 4

1장 변화는 지금,
여기에서 시작된다

매일같이 걸음으로써 나를 마주한다 … 19

멀리 있는 길을 꿈꿀 시간에 내 앞에 있는 길부터 걷는다 … 25

넘어졌을 때 다시 일어나는 것이 실력이다 … 31

최선을 다할 뿐, 결과는 겸허하게 … 35

평범한 일상도 새롭게 보는 눈이 필요하다 … 39

불편함을 감수하면 선택의 폭이 넓어진다 … 44

그곳이 어디든 모든 일은 마음먹기 나름 … 49

막다른 곳에서 선택한 길 … 53

낯선 곳일수록 편견은 금물 … 57

긍정적으로 살아도 현실이 나아지지 않는 때도 있는 법 … 61

무조건 떠나는 게 답은 아니다 … 67

| 여행을 만끽하는 꿀팁 1 | 여행의 즐거움을 극대화하는 세 가지 방법 … 73

2장   낯선 것을 익숙한 영역으로! 경계를 조금씩 확장한다

이 모든 일의 시작이 된 생애 첫 번째 여행 … 79

돈이 없다고 즐기지 말라는 법은 없다 … 82

여행은 인생에 새로움을 추가할 기회다 … 87

관광객에겐 일정이 있고, 여행자에겐 과정이 있다 … 91

아는 만큼 즐길 수 있다 … 96

나의 약점을 나만의 경쟁력으로 바꾼다 … 100

길을 모를 땐, 일단 직진 … 104

물건보다 경험에 돈을 쓰며 산다 … 108

남들이 좋다는 것은 다 해본다 … 112

최선의 선택을 위한 최적의 정지 이론 … 116

유리한 위치에 있는 사람이 양보할 때 아름답다 … 119

참고 기다리는 것도 실력이다 … 122

상대에게 호감을 사는 값비싼 신호 … 125

인기 메뉴는 실패하지 않는다 … 130

놀면서 얻은 경험이 삶의 무기가 된다 … 135

나에게 여행은 최고의 동기이자 보상이다 … 139

| 여행을 만끽하는 꿀팁 2 | 장거리 비행 시 시차 극복하는 방법 … 143

3장 다름을 인정하면
모든 게 즐거워진다

재미를 추구했더니 따라오는 것들 ⋯ 149

그 어떤 괴로움도 즐거움으로 바꾸는 비결 ⋯ 153

아버지 모습에서 미래의 나를 만나는 순간 ⋯ 158

돈 안 들이고 뉴욕을 즐기는 법 ⋯ 164

여행으로 공생을 배운다 ⋯ 172

따로 또 같이 즐기면 여행이 풍요로워진다 ⋯ 179

권위에 익숙한 삶을 경계한다 ⋯ 182

재미와 휴식을 동시에 잡는 법 ⋯ 188

미숙한 이가 앞장서고 능숙한 이가 쫓아간다 ⋯ 194

돈보다 시간에 더 투자한다 ⋯ 199

아이의 눈으로 세상을 바라보다 ⋯ 203

여행도, 육아도 기대한 만큼 되지 않는다 ⋯ 209

출산도, 생리도 대신할 수 없는 남성들에게 ⋯ 217

같이 노는 것도 다 때가 있다 ⋯ 223

나를 위한 시간은 따로 챙긴다 ⋯ 226

부모의 욕심대로 살기보다 내 뜻대로 살길 ⋯ 229

| 여행을 만끽하는 꿀팁 3 | 해외에서 뮤지컬 고르는 요령 ⋯ 231

4장 미룬다고
　　 더 좋아질 일은 없다

출근이 괴로우면 출근길이라도 즐겁게! … 237

목적지가 중요하지 않을 때도 있다 … 243

인생관은 20대에 만들어지고, 인생은 50대에 만들어진다 … 247

하고 싶은 게 많아서 매일매일이 즐겁다 … 253

타인에게 희망을 주는 사람 … 257

매 순간 빨리 달리는 게 중요한 건 아니다 … 261

인생에 버려지는 시간은 없다 … 267

즐거운 일상을 반복한다 … 271

어떤 일이든 꾸준히 하는 비결, 즐거울 것 … 275

눈에 보여야 마음이 움직이고, 마음이 움직여야 몸이 따라간다 … 281

첫 번째 화살은 맞아도 두 번째 화살은 피하자 … 284

인생이든 여행이든 오는 대로 받아들인다 … 288

| **여행을 만끽하는 꿀팁 4** | 자전거 전국 일주 준비하기 … 291

에필로그 | 때로는 잘못 탄 기차가 목적지에 데려다준다 … 294

1장

변화는 지금,
여기에서 시작된다

매일같이 걸음으로써
나를 마주한다

행복은 강도가 아니라 빈도입니다. 걷기 여행의 즐거움도 강도가 아니라 빈도예요. 멀리 있는 히말라야나 산티아고를 그리워하는 대신 집 근처 산을 자주 걷습니다. 내 곁에 있는 것들의 소중함을 새록새록 되새기며 삽니다.

마포에 살 때는 연세대 뒷산인 안산을 자주 갔고, 동작구에 살 때는 현충원 뒷길이나 서울대공원 산림욕장에서 산책을 즐겼고, 강남에 사는 지금은 우면산이나 청계산을 자주 갑니다. 가까운 산은 집에서 걸어갑니다. 걸어갈 수 있는 거리에 산이 있는 게 서울이라는 도시의 매력이라고 생각해요. 남산 북한산 관악산 아차산, 산으로 둘러싸인 도시니까요.

풍경을 즐기거나 사람들을 관찰하면서 거닐 때도 있지만, 종종 생각에 빠져 걷습니다. 제게는 일종의 명상 시간이지요. 명상을 할 때는 주로 소거법을 사용합니다. '나는 누구인가?' 물어보고 하나하나 오답을 지워나가요. 마지막에 남는 게 진짜 답이라 생각하고, 그게 나의 진정한 정체성이라 믿습니다. 모든 생각은 이런 식으로 이어집니다.

> 나는 누구인가? 나는 김민식이다. 김민식은 야구 선수도 있고, 축구 선수도 있는데, 김민식이라는 이름을 가진 사람은 다 나인가? 아니다.
> 그럼 나는 누구인가? 나는 MBC PD 김민식이다. MBC에서 잘려도 MBC PD 김민식인가? 아니다. 나는 드라마 PD 김민식이다. 회사에서 드라마를 맡기지 않아 드라마를 만들지 못해도 드라마 PD 김민식인가? 아니다.
> 그럼 나는 누구인가? 나는 글 쓰는 사람이다. 나의 글을 읽는 독자가 없어도? 그렇다. 읽는 이가 없어도 나는 매일 글을 쓸 것이다. 매일 글을 쓰고, 매년 책을 낼 것이다. 나는 작가다.
> 그럼 작가로 살기 위해 나는 무엇을 하는가? 매일 책을 읽을 것이다. 매년 새로운 곳으로 여행을 떠날 것이다. 매년 새로운 드라마에 도전할 것이다. 매일 아이들과 즐거운 시간을 보낼 것이다. 매일 조금 더 나은 사람이 되기 위해 노력할 것이다. 더 좋은 사람이 더 좋은 글을 쓰는 거라 믿고 노력할 것이다.

천주교에서 성인을 추대하기에 앞서 검증 절차를 거칠 때, 끝까지 이의를 제기하는 사람을 '악마의 대변인'이라고 합니다. 다수파를 향해 의도적으로 비판과 반론을 제기하는 사람이지요. 우리 인생에도 이런 역할이 필요해요.

물론 이걸 다른 사람이 하면 무척 아픕니다. "난 좋은 아빠야"라고 했는데 아내가 "당신이 좋은 아빠야?"라고 물으면 뼈를 때리는 것처럼 아픕니다. 스스로 딴죽을 걸어야 덜 아픕니다. '나는 좋은 아빠다', '아이와 시간을 보내지 않아도 좋은 아빠인가?', '아이를 존중하지 않아도 좋은 아빠인가?' 이렇게 자꾸 스스로 묻는 과정에서 아빠의 육아관은 더 단단해집니다.

배우 하정우 씨가 《걷는 사람, 하정우》(문학동네, 2018)라는 책을 냈어요. 책을 읽고 느꼈어요. '아! 이분, 많이 걷는구나.' 걷는 사람은 끊임없이 자신이 누구인가를 고민할 수밖에 없어요. 배우란 기다리는 직업입니다. 스스로 할 수 있는 일이 없어요. 누군가 불러줘야 일을 할 수 있죠. 작가가 대본을 쓰고 감독이 캐스팅을 해야 일을 할 수 있어요. "나는 배우다"라고 얘기하면, 누군가 "아무도 역할을 주지 않아도 배우인가?" 하고 질문을 던질 수 있어요. 그런데 "나는 걷는 사람이다"라는 말에는 반박의 여지가 없지요. 하정우 씨는 기쁠 때도 걷고, 힘들 때도 걷습니다. 비행기를 타러 갈 때도 강남에서 김포공항까지 걸어서 가고 하루 3만 보, 가끔은 10만 보를 걷습니다. 막연히 생각하면 별것 아닌 것 같겠지만, 10만 보 걷기 쉽지 않아요. 저의 최고 도보 기록이 하루 4만 6000보거든요.

《주말이 기다려지는 행복한 걷기여행: 서울, 수도권》에서는 '한

나절 걷기 좋은 길' 52개 코스를 소개하는데요. 주말마다 한 곳씩 다녀도 다 도는 데 1년이 걸립니다. 이 책의 마지막에는 서울에서 즐길 수 있는 궁극의 걷기 여행 코스가 나옵니다. 바로 100킬로미터 걷기예요.

덤벼보자, 100킬로미터 걷기 코스

여의나루역 – (한강) – **종합운동장** – (양재천) – **양재 시민의 숲**(반환점) – (양재천) – **종합운동장** – (한강) – **광진교**(건너) – **뚝섬유원지** – **서울숲** – (중랑천) – **장안교** – **응봉역** – (한강) – **양화대교**(건너) – **행주대교**(반환점) – **여의나루역**

이게 총 100킬로미터인데, 이 코스를 25시간 내에 걷는 것이 바로 '서울 울트라 트레킹'이랍니다. 오래전부터 이 코스에 도전하는 게 꿈이었어요. 하지만 막상 시도하려고 했다가도 '아이고, 서울 둘레길부터 걷지 뭐', '요즘은 남산 벚꽃이 좋은데, 거길 가야지' 하면서 자꾸 미뤘어요.

그러다 이 길에 도전하게 된 건 2015년 연말 블로그에 올린 글 때문입니다. 2016년 한 해 동안 독서 기록과 만보계 기록 경신이 목표라고 썼는데요. 4월 중순 어느 날 보니, 새해 들어 책을 90권 가까이 읽었더라고요. 4월 말까지 100권을 채운다면, 연말까지 300권도 거뜬히 읽겠더군요. 한 해 최다 독서 기록이 스물두 살에 세운 200권인데, 나이 50에 그 기록을 넘어선다면 이보다 기쁜 일이 어디 있겠습니까.

만보계 기록도 4월 중에 경신하고 싶은데, 서울 둘레길은 아무리 걸어도 한 코스에 3만 보 정도밖에 안 나오는 거예요. 그래서 비장의 코스 100킬로미터를 꺼내 들었어요. 물론 25시간 연속으로 걷고 싶은 생각은 없습니다. 드라마 연출하면서 가장 싫어하는 게 밤샘 촬영입니다. 일하느라 밤을 새우는 것도 억울한데 밤을 새워 놀기까지 할 생각은 없어요. 그래서 꼼수를 부렸지요. 오전 9시부터 오후 9시까지, 100킬로미터를 두 번에 나눠서 걸으면 어떨까?

아침을 먹은 후 전철을 타고 옥수역으로 향했습니다. 옥수역은 자전거로 갈 때나 걸어갈 때나, 한강공원 산책로로 진입하기에 아주 좋습니다. 경의중앙선으로 환승하러 가는 길 왼편에 한강공원 진입 출구가 있어요. 내려서 한강공원 산책로를 따라 서울숲 방면으로 걸었습니다. 중랑천을 만나 왼쪽으로 꺾어 장안교가 나올 때까지 또 걸었어요.

장안교 위에서 반환점 인증샷을 찍고 다시 한강으로 향했어요. 중랑천은 청계천으로도 통하는 왼쪽은 도보 길이 잘돼 있어 걷기 쉬웠는데, 반대편은 자전거길로 조성돼 있어 라이더들을 피해야 하는 게 좀 신경이 쓰이더군요. 걷기 기록 경신을 위해 가볍게 나선 터라 물도 간식도 준비하지 않고 맨몸으로 걸었습니다. 편의점이 있는 뚝섬 한강공원에서 가볍게 요기를 했습니다. 광진정보도서관까지 간

후, 거기서 반환점을 찍고 잠실철교로 한강을 건넜습니다.

오후 2시가 넘어가자 다리가 아프기 시작했어요. 오전에 속도를 무리하게 올린 탓인지 근육이 땅기더군요. 그래도 꾹 참고 계속 걸었습니다. 오후 3시 스마트폰에서 진동이 울렸어요. 만보계의 기록 경신을 알리는 알람입니다.

최대 걸음 수 달성 4만 6804걸음. "멋져요!" 기계가 해주는 칭찬이지만, 감사히 받습니다. 오전 9시부터 오후 4시까지 40킬로미터 정도 걸어서 4만 6000보인데 하정우 씨는 10만 보를 걷는다니, '걷는 사람, 하정우' 인정해드릴게요. 책을 읽고 나서 다시 휴대전화 화면에 만보계 앱을 띄웠어요. 매일 1만 보 걷기를 목표로 틈만 나면 걷고요. 만약 1만 보가 안 채워지면 퇴근길에 집 근처 공원을 몇 바퀴씩 돌면서 어떻게든 하루 1만 보는 채우려고 합니다.

제게 걷기는 명상 수련입니다. 혼자 여행을 떠나 산길을 걷거나 주말 아침 산책길에 나섰을 때, 자신에게 물어봅니다. '나는 누구인가?' 내가 누구인지 알아야 무엇을 해야 할지 알 수 있어요. 내가 '무엇'을 하는 사람인지 깨달은 다음에는, 고민을 끝내고 그 '일'을 반복합니다.

지금 이 책을 읽는 당신은 무엇을 하는, 누구인가요?

멀리 있는 길을 꿈꿀 시간에
내 앞에 있는 길부터 걷는다

처음 유배지로 발령이 났을 때, 회사에 사표를 던지고 산티아고에 가려고 했어요. 인생의 막다른 길목에서 산티아고 순례를 통해 답을 찾았다는 이야기를 책에서 봤거든요. 그런데 아내가 퇴사는 절대 안 된다고 못을 박았어요. 죽을 각오로 버티라고 하더군요. 가지 말라고 하니 더 가고 싶더라고요. 나를 못살게 구는 회사보다 못 가게 막는 아내가 더 미워지려고 했어요. 그때 문득 그런 생각이 들었어요. '산티아고만 다녀오면 내 인생의 모든 문제가 풀릴까?' 인생이 그렇게 호락호락한 게 아닌데 말이지요. 가까운 서울 둘레길부터 걷기로 마음먹고 주말에 시간이 날 때마다 걸었습니다. 멀리 있는 길을 꿈꾸지 말고 당장 내 앞에 있는 길을 걸어보는 거지요. 먼 이상보다는 현실에서의 작은 실천이 더 중요하니까요.

서울 둘레길이 좋은 이유에는 여러 가지가 있습니다. 첫째, 한 달씩 시간을 내지 않아도 됩니다. 주말에 한 코스씩 꾸준히 걸으면 돼요. 둘째, 교통비가 적게 들어요. 의지만 있다면 공짜로도 갈 수 있어요. 끝으로, 숙박비 걱정이 없어요. 당일치기 여행이니까요. 저는 아침 먹고 아이들이 남긴 반찬을 도시락으로 싸서 다녔어요. 정말 돈 한 푼 안 들이고 여행을 즐겼지요. 1년 동안 틈날 때마다 걸어 서울 둘레길 157킬로미터를 완주했어요. 그중 좋았던 구간 세 곳을 소개합니다.

서울 둘레길 베스트 3

❶ 용마 아차산 코스

(12.6km / 5시간 10분 / 난이도 중)

망우산, 용마산, 아차산을 연결하는 코스입니다. 산 능선을 따라 산책하는 코스로, 서울 둘레길 중 전망이 가장 빼어난 길입니다. 화랑대역 4번 출구에서 시작해서 광나루역 1번 출구까지 갑니다. 전철역을 나오면 바닥에 표시가 되어 있습니다. 그걸 따라가면 둘레길 진입로를 만나게 돼요. 요즘 서울 시내를 다니다 보면 곳곳에서 둘레길 표식을 만나는데, 그렇게 반가울 수가 없습니다. 일상 곳곳에서 여행이 시작됩니다. 아차산 정상에서 유유히 흐르는 한강을 조망할 수 있어요. 조금 짧은 코스를 원한다면 양원역 2번 출구를 나와 중랑

캠핑숲에서 망우산으로 걸어도 좋습니다.

❷ 북한산 코스

(34.5km / 17시간 / 난이도 중)

서울 둘레길의 마지막 구간은 북한산 둘레길입니다. 서울 둘레길의 끝에서 아쉬워하는 순간, 북한산이 '짠' 하고 나타납니다. '괜찮아, 북한산 둘레길이 있잖아!' 다음에는 북한산 둘레길을 완주하고 싶어요. 북한산 둘레길을 다 걷고 나서 본격적으로 북한산을 올라도 좋지요. 북한산 둘레길에서 형제봉이며 비봉이며 매봉을 올라가는 길을 만나거든요. 등산에는 등산의 재미가 있고, 트레킹에는 트레킹의 재미가 있습니다. 나이 들어 지속 가능한 취미로 둘레길 걷기만한 게 있을까 싶어요.

❸ 봉산 앵봉산 코스

(16.6km / 6시간 / 난이도 중)

서울 둘레길이 생기기 전, 오래전부터 즐겨 찾던 구간이 바로 봉산입니다.《주말이 기다려지는 행복한 걷기여행: 서울, 수도권》을 읽고 갔다가 반해버린 길이에요. 저는 어떤 취미를 시작하면 관련 책부터 삽니다. 눈에 잘 띄는 곳에 책을 꽂아두고 짬만 나면 펼쳐봅니다. 이책도 수시로 들여다보면서 책에서 추천한 길을 걸었어요. 책을 읽다보면 주말이 기다려집니다. 예전에는 책을 보고 수색역에서 출발했

| 서울 둘레길 스탬프북과 완주 인증서

다가 산책로 입구를 찾지 못해 헤맨 적도 있어요. 그런데 지금은 앵봉산이 서울 둘레길의 한 구간으로 편입돼 길 찾기가 수월해졌습니다. 서울 둘레길은 전철역 출구부터 바닥에 표시가 잘돼 있거든요. 둘레길이 생긴 후 걷는 사람도 늘었고요. 산길은 다니는 사람이 많아지면 찾기가 더 쉬워집니다.

봉산 구간은 능선이 계속 이어지면서 아홉 개의 정자를 지나갑니다. 중간중간 쉬면서 느긋이 걷기에 참 좋은 길입니다. 봉산 구간은 저의 출근길이기도 해요. 교대근무 할 때 야간조는 오후 5시에 근무를 시작하는데요, 아침 8시에 집에서 나옵니다. 9시에 구파발역에 내려 앵봉산을 넘어 상암동 회사까지 걸어옵니다. 오후 2시가 넘어 회사에 도착하면 책 읽으며 쉬다가 야근에 들어가요. 처음 교대근무 발령이 났을 때는 약이 올라 죽을 것 같았는데요. 야근 덕에 이렇게 평일 낮에 한가한 산책도 즐길 수 있다는 생각에 나중에는 마음이 편안해졌어요. 그래요, 내 마음 편한 게 최고지요.

서울 둘레길 걷기를 할 때는 지도와 스탬프북부터 구해도 좋아요. 눈에 보이는 뭔가가 있으면 자극이 되거든요. 지도를 보면 가고 싶은 곳이 너무 많아요. 여기도 가고 싶고 저기도 가고 싶고, 마구 설레지요. 스탬프북의 빈 곳을 하나하나 채워가는 즐거움도 있습니다. 완주를 마치고 숙대입구역 근처에 있는 서울 둘레길 인증센터에 가서 인증서를 받았습니다. 친절하신 직원분이 완주 기념사진도 찍어주시더군요. 어려서 상장을 받아본 적이 별로 없어서, 서울 시장님이 주시는 완주 인증서가 정말 반가웠어요.

예전에는 집에서 가까운 우면산, 대모산, 관악산 코스만 즐겨 걸었어요. 그러다 둘레길 완주를 목표로 삼고 처음부터 끝까지 하나하나 챙겨서 걸었는데, 처음 발견한 길들이 많습니다. 그중에서 특히 아차산이 좋았어요. "아차! 아차산을 몰랐구나!" 하면서 혼자 웃었지요.

서울 둘레길 덕분에 산이며 개울이며 숲이며 마을이며, 길을 따라 서울을 여행하는 기분을 제대로 만끽했습니다. 스탬프북에 도장을 하나하나 모을 때마다 정성을 다해 꾸욱 눌러 찍습니다.

'참 잘했어요.'

내 마음에 도장 하나를 찍습니다.

서울 둘레길을 완주한 요즘은 서울 길 안내 홈페이지를 자주 방문합니다. '서울두드림길'(gil.seoul.go.kr)이라는 곳인데, 여길 방문하면 '그 밖의 길'이라는 코너가 있어요. 한양도성길, 근교산자락길, 생태문화길, 한강/지천길을 보며 '이번 주말에는 어디를 걸어볼까?' 기쁘게 궁리합니다. 남산 순환 나들길이며 성북동 고택북촌 산책길, 서리풀 나들길 등 걷고 싶은 길이 많아 노후에도 심심하진 않을 것 같아요.

서울시에서 만든 책을 판매하는 온·오프라인 서점 '서울책방'이라는 곳이 있는데요. 여기서 구할 수 있는 《서울, 테마 산책길》도 서울 걷기 여행의 좋은 길잡이입니다. 2019년 2월에 4권 시리즈가 완간돼 비교적 최근 교통정보까지 업데이트돼 있습니다. 얇고 가벼워서 걷기 여행 다닐 때 배낭에도 쏙 들어갑니다. 그중에는 30분에서 한 시간 반 정도 걸리는 가벼운 산책 코스가 많습니다. 책을 보고 지금 사는 동네 근처에서 미처 몰랐던 길을 찾아봐도 좋아요. 한 권에 3000원인데요. 서울책방에서 살 수도 있고 서울시 '전자책 누리집'(ebook.seoul.go.kr)에서 전자책을 무료로 볼 수도 있어요. 공짜 가이드북 덕분에 공짜로 즐기는 서울시 걷기 여행, 주말이 더욱 풍성해집니다.

넘어졌을 때 다시 일어나는 것이 실력이다

드라마 PD 중에는 새 드라마에 들어가기 전에 점을 보러 다니는 사람도 있어요. 작가와 궁합이 맞는지 보거나 그 해의 운세를 보기도 하고, 심지어 세트장 위치를 동서남북 어디로 잡는 게 좋을지 물어보는 사람도 있어요. 잘하고 싶다는 욕심이 클수록 일에서의 불안이 더 큰 법이지요.

'사주명리로 삶의 지도 그리기'라는 부제를 달고 있는《다르게 살고 싶다》(박장금, 슬로비, 2017)라는 책을 보면, 누구에게나 10년에 한 번씩 대운이 온답니다. 만세력을 뽑으면 대운 숫자가 나오는데요. 10년 주기로 흐름이 바뀌는 나이인데 이때 인생의 변곡점이 생긴답니다. 책을 읽다가 '과연 그런가?' 하고 제 인생을 돌아보니, 제게도 10년에 한 번씩 대운이 왔더군요.

스무 살에 영어를 만나고, 서른 살에 PD라는 직업을 만나고, 마흔 살에 드라마 PD로 전직하고, 쉰 살에 낸 책이 베스트셀러가 됐어요. 희한하게 딱딱 맞네요. 다만 저의 경우 대운은 꼭 아홉수 다음에 오더라고요. 열아홉에 대학 진학 실패를 겪고, 스물아홉에 통역이 적성에 맞지 않는다는 걸 깨닫고, 서른아홉에 조기 종영의 아픔을 겪고, 마흔아홉에 유배지에서 괴로운 시간을 보냈어요. 잘나가는 사람은 굳이 새로운 선택을 하지 않아요. 그냥 하던 대로 하지요. 넘어졌을 때, 우리는 변화를 선택합니다. 일이 잘 안 된다는 건 지금껏 해오던 방식에서 변화를 추구해야 할 시간이 왔다는 뜻이거든요. 그래서 아홉수 다음에 대운이 온다는 건데요. 10년에 한 번 대운이 온다는 말은, 역으로, 한 번 선택하면 그 선택에 대해 10년은 책임져야 한다는 뜻이 아닐까요?

저는 스무 살에 영어 공부를 하기로 마음먹고 통역대학원 졸업할 때까지 10년 동안 공부했습니다. 서른 살에 MBC에 입사해서 10년간 예능 PD로 살았고, 마흔 살에 드라마 PD가 돼서도 쫓겨나기 전까지 열심히 일했습니다. 그리고 이제 쉰 살에 작가라는 타이틀을 얻었으니, 적어도 10년은 열심히 책을 쓰려고 합니다. 선택을 자꾸 번복하면, 결심만 잦을 뿐 실행력이 약해집니다. 한 가지 선택을 했다면 10년 동안 꾸준히 해야 그 선택이 대운이 되는 게 아닐까요? 누구나 살다가 넘어질 수 있어요. 문제는 위기에 대처하는 자세입니다.

탄자니아 잔지바르에서 블루 사파리라는 이름의 스노클링 여행

| 잔지바르의 바오바브나무

을 갔다가 작은 섬에 들러 그 섬의 명물인 바오바브나무를 봤어요. 660년 된 이 나무는 땅에 누워 있어요. 태풍에 쓰러졌지만, 아직도 살아 있어요. 뿌리가 뽑혀 밑동이 드러났는데도 여전히 가지를 뻗고 잎을 피워냅니다. 정말 대단한 나무지요?

드라마 연출의 실력은 잘나갈 때 나오는 게 아니라 망했을 때 나옵니다. 대본이 잘 나오고, 캐스팅이 잘되고, 편성 대진운도 좋아서 시청률이 잘 나오는 건 운이 좋은 덕이에요. 감독의 진가는 망했을 때 나옵니다. 시청률이 '폭망'했을 때, 작가의 상처를 달래고, 배우의 자존심을 세워주고, 스태프들 기운을 북돋아주는 것. 가장 크게 상처받은 감독이 함께 일하는 사람을 먼저 배려하고, 자신의 상처는 가장 나중에 돌보는 것. 그게 드라마 PD의 역할이에요. 쓰러진 바오바브나무의 뿌리를 어루만져봅니다.

'그래, 너 아직 살아 있구나. 이렇게 만신창이가 돼서도 꿋꿋이 살아 있구나.'

잘 달리는 게 실력이 아니라 넘어졌을 때 다시 일어나는 것이 실력이라고 믿습니다. 인간은 고통도 즐기는 동물이고요. 때로는 고난이 진가를 발휘할 기회가 됩니다.

최선을 다할 뿐,
결과는 겸허하게

1996년에 MBC 예능 PD로 입사한 후, 10년을 일했습니다. 예능 프로그램 연출은 즐겁지만 아쉬움이 하나 있습니다. 프로그램이 잘나갈 때는 쉴 수가 없다는 거예요. 시청률이 떨어져 조기 종영을 하거나 프로그램이 막을 내려야 휴가를 쓸 수 있습니다.

드라마는 달라요. 16부작이든 20부작이든, 정해진 분량을 채우면 끝납니다. 종방연도 하고, 박수 칠 때 떠날 수 있어요. 촬영할 때는 주말에도 일을 하니까 드라마가 끝나면 대휴가 많이 쌓여요. 휴가를 모아 여행을 다닐 수 있지요. 그러니 드라마 PD가 부러울 밖에요.

2007년, 때마침 MBC 드라마국에서 사내공모를 하기에 직종 전환을 신청했어요. 면접 등의 공모 절차를 거쳐 옮겼는데, 가보니 텃세기 장난이 아니더군요. 어떤 드라마 PD 선배는 이렇게 물었어요.

"너는 뭐가 만만한 거냐? 내가 만만한 거냐, 내가 하는 일이 만만한 거냐?"

어떻게 예능 PD인 네가 감히 드라마를 연출하러 올 생각을 했냐는 뜻이겠지요. 어떤 후배는 저더러 타 부서에서 왔으니 성골은 아니라고 말하기도 했어요. 성골, 진골로 사람을 나눈다니 신라 시대인 줄 알았어요. 드라마를 함께 만들던 후배와 제작 방향을 놓고 언쟁을 벌인 적이 있는데요. "형이 드라마를 알아요?"라는 말에 할 말이 없더군요.

한번은 드라마국 워크숍에 간 적이 있어요. 2차에 가서 술을 마시다 잠깐 화장실에 다녀오는데 "와!" 하고 웃음이 터지더군요. 제가 자리에 앉자 갑자기 조용해졌어요. 그 순간 깨달았지요. 방금 전 웃음의 소재가 나였다는 걸. 한 후배가 코미디 PD와 드라마 PD의 차이에 대해 설명을 했대요. 드라마는 인생을 다루고, 코미디는 웃음을 다룬다고. 아마 제가 일하는 방식을 놓고 농담을 했겠지요. 저는 제가 웃음을 다루는 사람이라고 생각했지 이렇게 웃음을 사는 사람인 줄은 몰랐어요.

드라마로 옮기고 참 힘들었어요. 사람 때문에 힘든 것도 있었고, 욕심만큼 잘 되지 않아 힘들기도 했어요. 잘하고 싶다는 욕심과 성과의 괴리 탓에 힘들지요. 일 때문에 힘들 때, 일을 계속 붙들고 있으면 망가지기 쉽습니다. 일과의 거리가 필요해요. 아니 때로는 나 자신과의 거리가 필요해요. '나를 키우며 일하는 법'이라는 부제를 단

《일하는 마음》(제현주, 어크로스, 2018)에서 저자는 거리의 필요성에 대해 이렇게 말합니다.

> 나와 너무 가까운 것에 대해 담담하기란 쉽지 않다. 우리는 어떤 일이
> 나 상황에서 나를 떼어내고 바라보는 데 서투르다. 그 때문에 자기 자
> 신에 대해 그렇듯, 늘 그것을 지나치게 포장하거나 지나치게 낮추어보
> 게 된다. 그리하여 자기 일을 더 큰 그림 안에서 바라보려면, 그 일의
> 여러 층위와 의미를 다면적으로 이해하려면, 우리에게 필요한 것은 거
> 리다. 일을 통해 나를 보는 것이 아니라 일 자체를 보는 것.

드라마국의 텃세 탓에 힘들어하던 시절, 휴가를 내고 베트남 캄보디아 여행을 갔어요. 캄보디아 씨엠립에 있는 앙코르와트 사원을 보러 갔지요. 인간관계에서 지친 마음을 달래려고 프레야 칸의 한적한 사원 귀퉁이에 혼자 몇 시간 동안 멍하니 앉아 있었어요. 문득 하늘을 올려다보니 위태하게 걸쳐 있는 돌기둥이 보였습니다. '저게 무너지면 난 꼼짝없이 죽겠네?' 1000년을 버텨온 돌이 하필 내가 그 밑에 앉아 있는 순간에 무너져 내린다면 그것도 운명이라고 생각했어요. 그런 운명은 받아들여야죠.

앙코르와트를 만든 사람들을 생각해봅니다. 힌두교 사원이라고 열심히 만들었는데, 곧 불교 사원으로 바뀝니다. 왕조가 멸망하면서 사람들의 기억에서 사라져요. 100년도 못 버티고 폐허가 될 도시를 만드느라 그토록 많은 사람이 무거운 돌을 나르고 조각한 거지요.

그렇게 생각하니 우리 인생이 참 허망하더군요. 아옹다옹 다투며 살지만 세월이 흐른 후 남는 건 폐허밖에 없잖아요.

앙코르와트 유적군에는 다양한 사원이 있어요. 앙코르 톰, 프레아 칸, 타 프롬 등 하나하나 개성이 뚜렷한 사원들입니다. 각자의 개성이 모여 빚어낸 다양성이 앙코르와트 유적군의 아름다움을 완성합니다. 문득 그런 생각이 들었어요. 내가 다른 드라마 PD보다 부족한 점이 있다면, 그만큼 다른 점도 있지 않을까? 그게 나의 개성이 되지 않을까? 대한민국에 시청자가 수천만인데 드라마 PD들이 만든 드라마만 볼까? 때로는 예능 PD가 만든 드라마도 필요하지 않을까? 그때 결심했어요. '돌아가자. 돌아가서 다시 한번 도전해보자. 결과는 알 수 없지만, 오늘 나는 내 몫의 돌을 쪼겠다.'

결과는 하늘만이 알아요. 사람의 길은 최선을 다하고 겸허하게 결과를 기다리는 일이지요. 뜻대로 안 되면 어때요? 그것 또한 인생인데.

평범한 일상도
새롭게 보는 눈이 필요하다

진정한 여행이란 새로운 풍경을 보는 것이 아니라
새로운 눈을 가지는 것이다

- 마르셀 프루스트

MBC가 여의도에 있던 시절, 벚꽃 축제 시즌이 되면 사람도 붐비고 차도 많이 막혀서 고생이 심했어요. '나는 일하느라 힘들어 죽겠는데, 놀러 온 사람들 때문에 길이 막히네?' 하고 짜증이 나기도 했지요. 봄에 꽃이 피는 건 자연의 섭리요, 예쁜 걸 보고 싶어 하는 건 인지상정인데 말이지요. 어느 날 막히는 차를 보며 이런 생각을 했어요. '남들은 멀리서 보러 오는 여의도 벚꽃, 나는 퇴근 때마다 볼 수 있잖아?' 그래서 매일 출퇴근길에 여의도를 빙 돌아 걸어봤어요.

하루는 대방역에서 63빌딩을 지나 출근하기도 하고, 하루는 국회의 사당역에 내려 여의도공원을 가로질러 가기도 하고요. 그렇게 매년 여의도 벚꽃놀이를 즐기다 보니 이젠 봄이 오는 게 기다려집니다.

나이 50을 넘긴 저의 꿈은 오랜 취미를 조금 업그레이드하는 것입니다. 서울에서 벚꽃놀이로 유명한 장소인 여의도, 남산, 어린이 대공원 세 곳을 하루에 다 돌아보는 거죠. 이름하여 벚꽃놀이 3종 세트! 먼저 아침에 5호선 여의나루역으로 향합니다. 제주도가 고향이라는 왕벚나무는 여의도를 한 바퀴 빙 둘러싸고 있습니다. 여의나루역에서 꽃길을 따라 서강대교로 가면 벚꽃 축제 행사장이 나타납니다. 국회 뒤편 대로의 차량 통행을 막고 큰길을 다 축제 행사장으로 씁니다. 국회를 끼고 벚꽃길을 따라 계속 걸어가면 KBS가 나옵니다. 2016년 봄, KBS 본관 앞에는 외국에서 온 단체 관광객이 〈태양의 후예〉 대형 포스터 앞에서 기념 촬영을 하고 있었어요. 누군가에겐 이곳이 이름난 해외여행 명소인 거죠. KBS 앞에서 길을 건너면 여의도공원입니다. 저는 여의도공원 내 '자연생태의 숲'을 좋아합니다.

여의도 MBC 근무 시절, 이곳에서 혼자 김밥으로 점심을 먹고 책을 읽곤 했지요. 점심시간에 밥 먹고 커피 마시면 밥값 7000원에 커피값 5000원, 합이 1만 2000원입니다. 저는 2000원짜리 김밥 한 줄 사서 소풍을 갑니다. 밥값, 커피값을 김밥으로 때우면 1만 원이 남습니다. 그 돈으로 회사 구내서점에서 읽고 싶은 책을 한 권 삽니다. 여의도공원에 앉아 김밥을 먹으며 책을 펼쳐 읽습니다. 점심을 김밥 한 줄로 해결하면 다이어트가 절로 됩니다. 책을 읽다 졸리면 공원을 한 바퀴 돌며 산책도 합니다. 걷다 보면 운동이 절로 되고요. 여행을 좋아하는 터라 근무를 하다가도 점심을 이용해 소풍을 떠납니다. 일산 MBC 드림센터로 출근할 때도 일산 호수공원과 정발산공원을 찾았습니다. 점심시간은 직장인에게 주어진 최고의 휴식 시간이에요. 그 시간을 저에게 온전히 선물하기 위해 점심 약속 대신 산책과 독서와 사색의 시간으로 활용합니다.

여의도공원 산책로는 자전거길과 걷는 길이 나뉘어 있어 산책하기도 참 좋습니다. 다년간 여의도 벚꽃놀이를 즐긴 제가 가장 좋아하는 구간은 KBS 본관 옆에서 63빌딩까지 가는 여의도 남부 코스입니다. 사람이 적어 호젓한 느낌이 들지요. 꽃길을 걸은 후 여의도역에서 5호선을 타고 동대문역사 문화공원역까지 갑니다. 8번 출구로 나와 광희동 정류장에서 420번 버스를 타고 두 정거장을 가면 남산 국립극장입니다. 이곳에서 내려 남산공원 입구로 걸어갑니다.

서울의 두 번째 벚꽃 명소는 남산입니다. 여의도 벚꽃 개화 시기를 놓쳤다면 남산으로 가도 좋아요. 남산은 여의도보다 지대가 높아 벚꽃이 더 늦게 핍니다. 제가 갔을 때는 개나리가 한창이었어요. 남산 산책로를 따라 꽃놀이를 즐기다 남산골 한옥마을에서 빠집니다. 한옥마을에는 외국인 여행자가 많아요. 한복을 곱게 차려입은 외국인 여행자들의 모습이 눈길을 끕니다. 외국인 관광객들을 보며 여행자의 자세를 새롭게 다집니다. "진정한 여행이란 새로운 풍경을 보는 것이 아니라 새로운 눈을 가지는 것이다"라는 마르셀 프루스트의 명언을 다시 떠올려봅니다.

한옥마을을 나오면 바로 충무로역입니다. 여기서 전철을 타고 7호선 어린이대공원역으로 향합니다. 서울 벚꽃놀이 '베스트 3' 중 마지막 목적지인 어린이대공원을 찾아갑니다. 어린이대공원은 밤 벚꽃놀이로 유명한 명소입니다. 직장인이나 학생들이 퇴근 후 데이트 코스로 활용하기 딱이지요. 벚꽃놀이 왔다가 놀이기구를 타도 좋아요. 방망이 두들기듯 요동치는 내 가슴이 롤러코스터 탓인지 옆에 있는 사람 때문인지 알 수 없을 때, 연애는 한 걸음 더 전진하거든요. 짝을 찾는 나무의 연애는 꽃을 피우는 것이라 할 수 있겠지요? 그 때문인지 봄꽃 놀이를 하다 보면 문득 시심이 발동해요.

> 니들은 연애부터 하는구나
>
> 봄이 오면 잎을 내어
> 햇빛 받아먹고 살 궁리는 하지 않고
> 니들은 연애부터 하는구나
>
> 너희는
> 생계보다 연애가 먼저구나
> 일보다 즐거움이 먼저구나
> 추운 겨울 하루하루가 괴롭기만 했다면

어찌 저리 예쁜 꽃을 한가득 피워낼 수 있겠는가

겨우내 나무는 즐거웠나 보다
봄이 오면 가지마다 빼곡히 꽃피울 생각에

혼자서 키득키득 무척이나 즐거웠나 보다

좋으냐?
봄이 와서 연애하는 게

-2016.4.4

벚꽃놀이 3종 세트 하루짜리 코스

여의나루역 출발 – 국회 뒤 벚꽃 축제 행사장 – KBS – 여의도공원 – 남산공원 – 남산골 한옥마을 – 어린이대공원

　오전 10시에 출발하면 오후 4시에 마무리할 수 있어요. 하루 여행 경비는 0원입니다. 입장료가 전혀 없으니까요. 어린이대공원 입장료를 무료로 전환한 서울시의 통 큰 결정에 감사드립니다. 공짜 구경으로는 역시 봄철 꽃놀이만 한 게 없습니다. 벚꽃을 보며 사랑을 불태워보아요.

불편함을 감수하면
선택의 폭이 넓어진다

명절이 오면 어머니가 계시는 부산에 갑니다. 매년 가는 고향이지만 여행하듯 다닙니다. 부산에 내려가면 부산역 역사 내 관광안내소부터 찾습니다. 지방자치단체에서 만든 관광 안내 지도를 모으는 게 취미입니다. 수집 하면 돈 드는 취미부터 떠올리기 쉽지만, 공짜 지도 모으는 것도 은근히 재미있어요. 지도만 모아도 다녀온 곳의 컬렉션이 완성되거든요. 저렴하게 산다고 흉봐도 할 수 없습니다. 짠돌이의 낙이 그런 거죠, 뭐.

관광안내소에서 부산 관광 안내 전도랑 갈맷길 안내 지도를 얻었어요. 제주 올레길 열풍 이후 도시마다 걷기 좋은 길 만들기가 한창입니다. 지도를 보니 갈맷길은 아홉 개 구간 278킬로미터네요. '2박 3일 동안 다 갈 수도 없고 어떻게 하지?' 고민하다 세 구간을 뽑아봤어요. 부산에 놀러 오면 흔히들 가는 곳이 있어요. 해운대, 광안리, 태종대지요. 이 세 곳을 기점으로 하는 갈맷길도 있어요.

부산 갈맷길 베스트 3

❶ 해운대 삼포길

(8.4km / 3시간 / 난이도 하)

부산 지하철 2호선 동백역에서 내려 동백섬을 찾아갑니다. APEC 누리마루를 지나 데크로 만들어진 해안 산책로를 걷습니다. 동백섬을 한 바퀴 돈 뒤, 해운대 백사장을 따라 달맞이 고개로 갑니다. 문탠로드를 걸어서 구덕포까지 가는 코스입니다.

❷ 광안리 이기대길

(긴 코스: 23.1km / 8시간 / 난이도 중, 짧은 코스: 8km / 2시간 / 난이도 중)

부산 지하철 2호선 광안역에서 내려 광안리 해수욕장으로 갑니다. 광안대교를 마주 보고 오른쪽 끝까지 가면 방파제를 따라 걷는 길이 나 있어요. 광안대교와 만나는 지점까지 걸어가서 다리 아래로 길을 건너면 용호동입니다. 해안길을 따라 동생말, 이기대를 지나 농바위까지 걸어갑니다. 여기서 보는 풍경은 거의 제주 올레길 수준이지요. 이기대길이 끝나는 곳에 스카이워크로 유명한 오륙도 전망대가 있고, 그 근처에 버스 정류장이 있습니다. 여기서 돌아 나오면 두 시간 코스이고, 더 걸어서 유엔기념공원과 자성대까지 가면 여덟 시간 짜리 코스가 됩니다. 일정에 맞춰 선택하면 됩니다.

길을 걷다 보면, 감탄이 절로 나옵니다. 이 좋은 곳을 전에는 왜 몰랐을까? 1992년에 부산에서 영업사원으로 일했는데요. 그때만 해도 이기대길은 없었어요. 군사 지역이라 출입통제 구역이었거든요. 몇 년 전 일반에 공개됐는데요, 난개발이 없어 자연 그대로 보존이 돼 있습니다. 남북관계가 해빙 분위기로 접어들었는데 언젠가는 DMZ 비무장지대에 트레킹 코스가 만들어지길 기대합니다. 수십 년간 사람의 발길이 닿지 않은 천혜의 트레킹 코스로 국제적인 명소가 될 것 같아요.

❸ 태종대 둘레길

(긴 코스: 17.8km / 8시간 / 난이도 하, 짧은 코스: 8km / 2시간 / 난이도 하)

암남공원에서 시작해 송도 해수욕장까지 가는 송도 해안 볼레길과 절영 해변길을 포함하는 태종대 둘레길이 있습니다. 둘을 이어주는 남항대교를 걸어서 건너는 방법도 있으나 전체 구간이 17.8킬로미터로 여덟 시간이나 됩니다. 둘 중 하나를 선택하는 방법도 있고 송도 해수욕장에서 택시를 타고 다리를 건너 절영 해변길 입구까지 가는 방법도 있어요. 시간이 부족하다면 절영해안산책로 입구에서 자갈마당까지 걷는 짧은 코스를 추천합니다. 태종대는 어려서부터 참 좋아한 곳입니다. 해운대나 광안리와는 또 다른 바다의 기개를 느낄

수 있는데, 해안 산책로가 조성돼 바다를 더 가까이에서 볼 수 있어
좋아요.

　　부산 갈맷길 걷기 여행의 노독은 찜질방이 있는 태종대 온천에서
풉니다. 저는 혼자 걷기 여행을 가면 식사는 김밥으로, 잠은 찜질방
에서 해결합니다. 돈 거의 안 듭니다. 나이 50에 왜 그러고 사느냐고
물으신다면, 배낭여행의 추억 때문이라고 말하렵니다. 바게트로 끼
니 때우고 도미토리에서 자면서도 마냥 즐겁기만 했던 그 시절을 잊
지 않으려고요. 물론 젊어서 고생했으니 이제는 럭셔리한 여행을 즐
겨도 되지 않느냐고 말할 수도 있지요. 사람들은 업그레이드를 좋아
합니다. 차를 바꾸고 집을 바꿀 때 항상 이전 것보다 더 나은 것을 선
택하지요. 욕망을 채우는 삶에서는 시간이 갈수록 선택의 폭이 줄어
듭니다. 욕심은 끝이 없고 돈은 한계가 있거든요. 그래서 저는 때로
는 더 험한 것, 더 불편한 것을 선택합니다. 그래야 선택의 폭이 넓어
집니다.

　　2011년 봄에 히말라야 트레킹을 다녀온 후 걷기 여행에 빠졌습
니다. 내친김에 스페인 산티아고도 가고 싶고, 일본 시코쿠 순례길
도 가고 싶었어요. 하지만 그러기 전에 주위에서 쉽게 갈 수 있는 곳
부터 살폈습니다. 제주 올레길이 눈에 들어왔어요. 걸었더니 좋더군
요. 히말라야 트레킹 못지않았어요. 비행기표가 좀 비싸긴 하더군
요. 그래서 더 가까운 곳을 살펴보니 북한산 둘레길, 서울 둘레길도

있더라고요.

가까운 곳에서 찾으면 더 많은 것을 더 자주 즐길 수 있습니다. 여행의 가성비를 높이는 방법, 간단합니다. 가성비란 가격 대비 만족도잖아요. 분모인 여행의 비용이 0이라면, 가성비는 이론상 무한대에 수렴합니다. 돈 한 푼 안 들이는 여행이 오히려 더 즐거울 수 있지요. "행복은 강도가 아니라 빈도다"라고 말하는데요, 여행의 즐거움도 마찬가지입니다. 더 센 것보다 소소하게 더 자주 누리는 즐거움이 좋아요. 아니, 아예 하루하루의 일상을 여행으로 즐겨보면 어떨까요?

그곳이 어디든 모든 일은
마음먹기 나름

드라마 〈여왕의 꽃〉을 연출할 때 타이완에서 촬영을 진행했습니다. 가오슝의 아름다운 풍광을 화면에 담기 위해 일주일 동안 사전답사도 다녀오고, 현지 촬영에만 2주일을 쓰는 등 공을 많이 들였습니다. 촬영하러 갔다가 가오슝의 매력에 푹 빠져버렸어요.

촬영을 다니는 중간에 배우의 스케줄이 맞지 않아 시간이 비었어요. 그때 가오슝의 명소를 둘러봤는데요. 가오슝 당일치기 여행 추천 일정을 짜봤습니다. 먼저 아침에 전철을 타고 시즈완역으로 갑니다. 역에서 나오면 근처에 자전거 대여점이 있습니다. 신분증을 맡기면 신타이완 달러 90원(한화 약 3500원)에 온종일 자전거를 빌릴 수 있습니다. 자전거를 타고 먼저 아이허(愛河, 사랑의 강)를 찾아갑니다. 타이완에는 도로 한쪽에 오토바이·자전거 전용도로가 있어서 자전거 여행도 그리 위험하지 않습니다.

강변 산책로를 따라 상류까지 쭉 올라갑니다. 강줄기가 땅속으로 사라지는 지점에 가면 공원이 나오는데요, 여기서 주어잉역으로 향합니다. 시내 주행도 어렵지 않아요. 주어잉역에서 철길 위로 난 다리를 건너가면 렌츠탄이라는 커다란 연못이 나옵니다. 자전거로 한 바퀴 돌기 딱 좋아요. 돌다가 룽후타라는 탑 앞에서 기념사진도 찍습니다. 아이허에서 렌츠탄까지 자전거로 가는 게 힘들다면 전철로 가도 좋습니다. 자전거는 역 근처에 자물쇠로 채워두고요.

다시 자전거를 타고 강변 자전거 전용도로를 따라 바다까지 갑니다. 부둣가가 나오면 보얼 거리를 찾아갑니다. 옛날 부둣가 창고를 예술인의 거리로 조성해놓았어요. 폐창고를 갤러리나 작업 공간으로 만들어 조각 등 다양한 예술품을 진열하고 있습니다. 철길을 따라 조성된 공원을 자전거로 달리거나 산책을 해도 좋고 책을 읽거나 놀기에도 참 좋은 젊음의 거리입니다.

가오슝의 또 다른 명소인 영국 영사관을 찾아갑니다. 짬이 난다면 옆에 있는 중산대학 캠퍼스를 거니는 것도 좋습니다. 중산대학 도서관 꼭대기 층 열람실에서 바다 풍경을 본 적이 있는데 참 좋더군요. 입구에서 신분증을 맡기면 출입증을 줍니다. 학생들만이 아니라 중년의 외국인 관광객도 도서관에 들어갈 수 있어요. 다음에 다시 오면 이곳에서 며칠씩 머물면서 책을 실컷 읽고 싶어요. 지금까지 본 도서관 중 전망이 최고였어요. 태평양이 눈앞에 펼쳐지니까요. 영국 영사관에서도 이 바다 전망을 즐길 수 있어요. 언덕 위에 있는 영사관에 올라보면 바다 건너 하얀 등대가 보입니다.

자, 이제 그 등대를 찾아가기 위해 배를 탈 차례입니다. 시즈완에는 치진으로 가는 페리항이 있습니다. 페리에는 자전거나 오토바이를 갖고 탈 수 있어요. 요금은 신타이완 달러 15원, 우리 돈 500원이니 참 싸죠. 타이완의 물가는 한국보다 쌉니다. 저 같은 짠돌이도 즐겁게 여행할 수 있었어요.

치진 해변 공원으로 갑니다. 제주 올레길 못지않은 풍광이라고 느꼈어요. 검은 모래 해변이라 낯설 수도 있지만 호젓하고 분위기가 좋아요. 산책로도 잘돼 있고, 바다를 끼고 자전거로 몇 킬로미터씩 달리기에도 참 좋습니다. 2015년 2월 13일, 한국에서는 한파가 몰아닥쳤는데요. 저는 같은 날 가오슝 치진 해안 공원의 야자수 길에서 자전거를 탔어요. 따뜻해서 참 좋아요. 인적이 드문 한적한 바닷가에 군데군데 쉼터가 있습니다. 파도 소리 들으며 한가로이 낮잠을 자도 좋고, 책을 읽어도 좋아요.

해변 산책을 즐긴 후, 치진 페리항으로 돌아가서 등대를 찾아갑니다. 가오슝에서 가장 아름다운 전망을 볼 수 있는, 치진 등대입니다. 360도 파노라마 바다 전망이 펼쳐져요. 멋진 풍경을 눈에 담았으면 이제 다시 페리를 타고 시즈완으로 간 후, 자전거를 반납하고 전철을 탑니다. 타이완은 야시장이 볼만합니다. 메이리다오역에서 내려 리우허 야시장을 찾아가 현지인들과 여행자들 사이에서 떠들썩

한 저녁을 먹으며 당일 관광을 풍요롭게 마무리합니다.

겨울에 떠나는 타이완 남부 가오슝 당일치기 코스

시즈완 – 아이허 – 렌츠탄 – 보얼 거리 – 영국 영사관 – 치진 해안 공원 – 치
진 등대 – 리우허 야시장

(자전거와 페리를 이용해 하루에 돌아볼 수 있는 코스입니다.)

　돌아와서 블로그에 여행기를 올렸더니 같이 출장 간 후배가 놀랐
어요. 분명 같은 공간에서 같은 시간을 보냈는데 보고 와서 남은 추
억의 밀도나 양이 다르다는 거죠. 똑같은 장소도 일하러 간 출장지
라 생각하면 감흥이 없고, 여행지라고 생각하면 달라집니다. 기왕에
시간을 내어 갔다면 일만 하고 올 게 아니라 쉬는 시간에는 여행자
로 살아도 좋습니다. 신경 쓸 게 많은 메인 연출이었다면 출장을 여
행처럼 즐기는 게 힘들었겠지요. 저는 야외 연출로 일한 덕에 출장
지에서 여행을 즐길 수 있었어요. 역시 세상에 나쁘기만 한 일은 없
는 것 같아요. 일체유심조, 모든 일은 내가 마음먹기 나름이라는 진
리를 다시 한번 되새겨봅니다.

막다른 곳에서
선택한 길

회사에서 받은 징계로 그랜드 슬램을 달성한 적이 있어요. 2012년 MBC 파업 때 정직 6개월, 대기 발령, 교육 발령까지 징계 3종 세트를 한 번에 받았지요. 나가라는 소리와 다름없지만 버텼습니다. '언젠가는 기회가 오겠지.' 안 오더군요. 기회가 오다가도 날아가더군요. 그런 상황을 지켜보자니 정말 무참했어요. 그런 제가 너무 안쓰러웠나 봐요. 2015년, 한 국장님이 자신이 연출하는 드라마에서 야외 연출로 일해달라는 제안을 하셨어요. 야외 연출은 선임 조연출이나 어린 연출들이 하는 일이지만, 찬밥 더운밥 가릴 처지가 아니었지요. 〈여왕의 꽃〉에서 야외 연출로 열심히 일했습니다. 대본과 연기가 좋아 다행히 시청률 20퍼센트를 넘겼고, 광고 판매율도 잘 나왔어요. 드라마 메인 연출로 복귀할 수 있겠다는 희망이 생겼어요.

그런데 이상한 이야기가 들려오더군요. 인사평가에서 좋은 고과를 받았는데, 그걸 놓고 임원회의에서 말이 나왔다는 거죠. 김민식 같은 극렬 노조 가담자가 높은 고과를 받는 게 말이 되냐고 말이에요. 성과에 걸맞은 평가라고 설명했더니 어느 임원이 그랬답니다. "아니, 그러니까 왜 김민식 같은 친구를 성과를 낼 수 있는 자리에 보냈냐고!"

결국 편성국 TV 송출실로 발령이 났어요. 송출실 MD는 성과를 전혀 낼 수 없는 자리입니다. 일을 잘하면 티가 안 나요. 실수를 해서 생방송 중 블랙 화면이 뜨거나 연령 고지 숫자가 잘못 나가거나 뉴스 예고 자막에 오타가 나면 바로 난리가 나지요. 잘하면 보통이고, 잘못하면 징계를 받는 자리입니다.

저와 같이 24시간 교대로 주야 근무를 했던 이들이 〈PD수첩〉의 '황우석 편'을 연출한 한학수 PD나 〈뉴스타파〉를 만든 이근행 PD였어요. MBC의 아우슈비츠로 발령이 나자, 정말 억울했어요. 사고를 쳐서가 아니라 좋은 성과를 냈기 때문에 쫓겨났다는 게 말이 되나? 차기 사장으로 거론되는 임원에게 단단히 찍혔으니 드라마국 복귀는 힘들 거라고 다들 수군거렸어요.

집에 가서 아내에게 설움을 토로했지요. "회사가 너무하는 거 아냐?"라면서요. 2011년에 제가 노조 부위원장 자리를 제안받았을 때 아내는 반대했어요. 드라마 PD가 노조 활동을 해서 이력에 무슨 도움이 되겠느냐고.

"그러니까 내가 하지 말라고 했잖아? 집안 반대 무릅쓰고 노조 활동 하면서 이 정도 각오도 안 했어?"

미칠 것 같았어요. 회사에서는 굴욕을 당하고, 집에서는 위로받지 못하고…. 이럴 땐 어디로 가야 하나? 남은 연차를 다 모아 한 달간 휴가를 내고 달아났어요. 회사로부터, 집으로부터, 이 나라에서 가장 먼 곳 아르헨티나로요.

아르헨티나는 우리나라와 계절도 반대이고 밤낮도 반대입니다. 지구 반대쪽 남반구에 있는 나라라 한 번에 가는 직항도 없어요. 미국을 거쳐서 가는 항공권이 있기에 표를 끊고 공항으로 갔습니다. 탑승 창구에서 직원이 제 여권을 보더니 "혹시 미국 비자는 있으신가요?" 하고 묻더군요. 9·11 테러 이후 미국 입국 조건이 까다로워져서 환승객도 비자를 발급받아야 한다는 거예요. 미국 비자를 온라인으로 신청했더니 전자여권을 새로 발급받아야 한다네요. 부랴부랴 구청으로 갔습니다. 증명사진을 새로 찍고 여권을 신청했어요. 잠시 후 담당 직원이 저를 부르는데 표정이 좀 이상했어요.

"죄송하지만, 경찰 신원 조회에서 걸리시네요?"

2012년 MBC 노조 부위원장으로 일할 때 검찰이 제게 업무방해 혐의로 기소를 하고 징역 2년 형을 내렸어요. 1심 국민참여 재판에서 무죄가 나오고 2심 고등법원 항소심에서도 무죄가 나왔는데, 고등검찰이 항소했어요. 재판이 대법원에 계류 중인데, 그런 경우 여권 발급이 안 된답니다. 어이없게도, 제가 국외 도피 우려가 있는 범죄자 취급을 받더군요.

미치겠더라고요. 결국 미국 경유 항공권을 취소하고 캐나다를 경유하는 항공권을 구했어요. 서울에서 밴쿠버로 갔다가 다시 토론토로 가서, 그곳에서 칠레 산티아고를 거쳐 아르헨티나의 수도 부에노스아이레스까지 가는 데 무려 36시간이 걸려요. 한국에서 달아나는 게 그렇게 힘든 줄 몰랐어요.

낯선 곳일수록
편견은 금물

부에노스아이레스에 도착해 공항버스를 타러 갔어요. 버스에 탔더니 SUBE라는 교통카드로만 결제가 된다며 내리라더군요. 현찰을 보여줘도 무조건 카드로만 탈 수 있대요. SUBE 카드를 사려고 공항을 뒤졌지만 파는 곳이 없었습니다. 공항 안내소에 가서 물었어요.

"SUBE 카드는 어디에서 살 수 있나요?"

"시내에서만 팝니다."

"여기서 시내까지는 어떻게 가지요?"

"공항버스로."

"그 버스는 어떻게 타죠?"

"SUBE 카드가 있어야지요."

이상한 시스템이지요? 외국인 관광객은 바가지로 악명 높은 이곳 택시를 탈 수밖에 없더군요. 하는 수 없이 택시를 타러 갔습니다. 기나긴 줄 끝에 가서 기다렸더니 10여 분이 지나 내 앞 사람이 택시에 탔습니다. 다음 택시로 가서 문을 열었지요. 그랬더니 택시 기사가 타지 말라고 막으면서 앞을 가리켰어요. 보니 유니폼을 입은 할아버지가 택시 문을 열어주고 승객의 짐을 실어주더군요. 저 할아버지가 도와줄 테니 기다리라는 말인가? 할아버지 뒤에 가서 기다렸습니다. 그런데 내 뒤에 서 있던 사람을 먼저 태우더군요. 그리고 또 그다음 사람을 태워요.

내 순서는 어떻게 된 거지? "내가 먼저 왔는데요" 했더니, 할아버지가 나를 쓱 보더니 대꾸 없이 줄 끝을 가리켰습니다. 끝에 가서 다시 줄을 서라고? "지금까지 줄 서 있었어요. 내 차례잖아요." 할아버지는 들은 척도 하지 않아요. 줄을 서 있던 현지 백인들이 나를 보고 다들 뒤로 가서 줄 서라고 아우성을 치더군요. 아르헨티나의 인종차별 이야기를 듣긴 했지만, 아무리 유색인종이라고 사람을 이렇게 무시하나?

다시 기다리면서 보니 할아버지가 택시 문을 열어주면 사람들이 팁을 주더군요. 아하! 택시 문 여는 것이 할아버지의 영업 구역이고, 그걸 존중해야 한다는 거죠. 처음 온 외국인 관광객이 그걸 모르면 가르쳐주고 배려해주면 되지 않겠어요? 그런데 이때다 하고 다들 한 칸씩 전진해? 뭐, 이런 나라가 다 있어?

이구아수폭포를 보기 위해 브라질 국경을 넘었다가 돌아오는 길이었습니다. 저녁 7시에 국경을 통과하는 마지막 버스를 놓치면 시내로 들어가기가 힘들어져요. 입국 심사장에서 초조한 마음으로 줄을 서서 기다렸어요. 그곳의 공무원들 일하는 속도는 정말 느리더군요. 심지어 창구 세 군데 중에 두 곳은 사람들이 줄지어 기다리고 있어도 저녁 6시가 되니 칼같이 문 닫고 퇴근하더군요.

　　이제 하나 남은 창구 앞에서 10여 분을 기다렸습니다. 드디어 내 차례가 됐는데, 갑자기 내 뒤에 있던 사람이 나를 제치고 가더니 창구를 차지했어요. '뭐지, 이건?' 다시 기다렸습니다. 자리가 나서 가려고 하는데, 또 뒤에서 새치기를 하더군요. 내가 먼저 와서 기다린 걸 뻔히 아는 직원이 그걸 보고도 아무 말도 안 해요. 새치기한 친구한테 "내가 먼저 왔는데?" 하고 항의했더니, 나를 쓱 보고는 "아는데, 내가 바빠서"라더군요. "나는 안 바쁘고?" 하고 되물었더니, 뻔뻔한 표정으로 양손을 벌리고 어깨를 으쓱하더군요. 뭐, 이런 나라가 다 있어?

　　칠레 푸에르토 나탈레스로 파타고니아 트레킹을 갔다가 엘 칼라파테로 돌아오는 길에 버스표를 샀습니다. 표에 오전 8시 출발이라 적혀 있어서 7시 반부터 터미널에 나가 버스를 기다렸어요. 그런데 8시가 넘어도 버스가 안 오는 거예요. 터미널에 배낭을 메고 기다리는 사람도 나밖에 없었어요. 뭔가 이상했지만 영어를 하는 사람이 없어 발만 동동거리며 관광안내소 문 열리기만 기다렸어요. 직원에게 차표를 보여주며 확인했더니, 그 버스는 오전 7시에 이미 출발했다는군요. 버스 회사로 갔더니 다음 버스는 내일 아침에 있고 표를 사려면 돈을 다시 내라는 거예요. 내가 가진 표를 보여주니 그건 여행사 직원이 실수한 거라 자기네 소관이 아니라는 겁니다. 꼼짝없이 하루를 날리게 된 상황에서 버스표를 발권한 여행사를 찾아갔어요. 버스 출발 시각을 잘못 적은 직원은 미안하다는 말도 없이 양손을 벌리고 어깨를 으쓱하더군요. 뭐, 이런 나라가 다 있어?

낯선 나라에 대해 그릇된 편견을 갖지 않으려고 노력합니다. 처음엔 이렇게 해석했어요. '아, 정말 여유로운 삶이구나. 순서에 집착하지 않고 바쁜 사람이 먼저 이용하는구나. 공무원의 퇴근 시간은 존중해야지. 직원의 실수에 대해서도 무척 관대하구나. 택시 문 열어주는 것으로 노인 일자리 창출도 하고 말이야. 공무원, 노동자, 시민 모두가 참 여유 있게 사는구나.' 그렇게 이해하고 즐겁게 여행하려 했어요.

긍정적으로 살아도 현실이
나아지지 않는 때도 있는 법

여행의 마지막 일주일은 수도인 부에노스아이레스에서 보냈습니다. 도중에 만난 한국인 배낭족에게 물어봤어요. "부에노스아이레스에서 한 것 중 가장 재미난 것은 뭐였어요?" 스카이다이빙을 추천하더군요. 하늘을 나는 경비행기에서 전문가와 2인 1조로 뛰어내려 시속 200킬로미터의 속도로 자유낙하를 하다 낙하산을 펼치는 탠덤점프인데, 이번 여행의 하이라이트라 했어요.

그 얘기를 듣고 시내에 있는 여행사 사무실을 찾아갔습니다. 스카이다이빙 투어 상품에 관심이 있다고 했더니, 5000페소(50만 원)라고 하더군요. "내 친구는 2500페소(25만 원)에 했다던데?" 했더니, 짐짓 놀라는 척하면서 그럴 리가 없다고 하더군요. 알았다고 하고 나왔어요. 시내 구경을 하다가 다시 근처를 지나는데 그 회사 직원이

나를 부르더군요. "아미고! 2500페소에 해줄게!" 전화로 예약을 잡는 동안 잠시 기다리래요. "그런데 혹시 탱고 쇼에는 관심 없니? 부에노스아이레스에 왔으면 탱고 쇼를 봐야지. 이건 700페소, 이건 900페소." 속이 뻔히 들여다보여서, 탱고 쇼엔 관심 없고 나는 이곳에 스카이다이빙 하러 왔다고 했습니다. 그가 잠시 후 다시 오더니, "네 친구가 2500페소에 한 건 지난달 요금이라 그렇다. 지금은 12월이고 성수기라서 그 돈에는 안 된다"라고 하더군요. 아니 무슨 스키나 물놀이도 아니고, 스카이다이빙이 계절을 탄다는 건 금시초문이었어요. 아무리 성수기라도 요금이 배로 오르는 경우도 있나? 어이가 없어 쳐다보니, 양손을 벌리고 어깨를 으쓱하더군요. 뭐, 이런 나라가 다 있어?

결국 인터넷으로 검색한 뒤 민박집 주인에게 전화해달라고 해서 직접 예약했습니다. 성수기는 개뿔, 비디오 촬영까지 포함해 2500페소에 하기로 했어요. 한국인 친구가 했던 그 가격입니다. 집주인에게 시내 여행사에서 5000페소를 불렀다고 했더니, 어깨를 으쓱하더군요. "아르헨티나가 좀 그래." 새치기를 해도 부끄러운 줄 모르고, 잘못을 해놓고도 사과하지 않고, 관광객을 상대로 사기를 치는 사람들. 도대체 이 나라는 왜 이럴까? 그 이유가 진심으로 궁금해졌어요.

아르헨티나 여행 전 《즐겁지 않으면 인생이 아니다》(린 마틴, 글담, 2014)라는 여행 에세이를 읽었습니다. 미국의 어느 노부부가 70세가 된 어느 날, 살던 집과 살림살이를 처분하고 여행을 떠났어요. 남은 평생 집을 소유하는 일 없이 세계 각지를 떠돌며 6개월씩 집을 세내어 살기로 마음먹은 거예요. 제가 마침 아르헨티나 여행을 준비하던 중이라 책에서 아르헨티나 여행에 대한 대목을 펼쳤습니다. 차례의 소제목부터 의미심장했어요. '아르헨티나-긍정적인 태도를 지닌다고 해도 현실이 나아지지 않는 때도 있는 법이다'라고 되어 있더군요.

아르헨티나에서 몇 달을 살아본 미국인 노부부의 이 나라에 대한 인상은 최악이었어요. 살다 살다 질려서 결국은 남은 일정을 포기하고 아르헨티나를 떠나기로 했대요. 공항에 가서 남은 아르헨티나 페소를 달러로 바꾸려고 은행 환전소를 찾았는데 돈을 바꿔주지 않더랍니다. 처음 입국했을 때 달러를 페소로 바꾼 환전 영수증이 없으면 환전이 불가하다고요. 아니 몇 달 전 환전한 영수증을 아직 보관할 턱이 있나? 미국인 노부부는 공황에 빠졌지요.

남은 페소화를 어떻게 하지? 안타까운 사연을 옆에서 들은 현지인 아주머니가 친절하게 나섭니다. "제가 달러로 바꿔드릴게요." 비행기에 탄 할머니는 가슴을 쓸어내립니다. "아유, 아까 그 아주머니 아니었으면 어쩔 뻔했수?" 남편이 퉁명스레 말해요. "순 날강도야! 은행 환율의 절반으로 달러를 바꿔줬어. 우리 돈 절반을 떼먹었다고." 결국 노부부는 아르헨티나라는 나라에 대해 고개를 절레절레 흔들면서 떠납니다.

도대체 어떻게 된 일일까요? 왜 아르헨티나 은행에서는 달러를 바꿔주지 않고, 일반 시민은 외국인 노부부를 상대로 환전 사기를 치는 걸까요? 한 달을 지내보니 사정을 알겠더군요. 2015년 가을, 아르헨티나 공식 환율은 달러 대 페소가 1대 10이었어요. 은행에 가서 달러를 팔겠다고 하면 얼씨구나 하고 바꿔줍니다. "귀한 달러를 이렇게 헐값에 파시다니 정말 감사합니다!"라면서요. 나중에 귀국할 때 다시 달러로 바꾸려면 환전 영수증이 있어야 합니다. 입국할 때 자기네에게 달러를 팔았다는 증빙이 필요하다는 거예요. 자기네 은행에서 달러를 판 사람에게만, 그것도 달러를 판 한도 안에서만 환전해줍니다.

은행과 달리 암달러 시장의 환율은 1대 15입니다. 1000달러를 은행에서 바꾸면 1만 페소를 받습니다. 그런데 사설 환전상인 '깜비오'한테 가면 1만 5000페소를 줍니다. 50퍼센트나 더 받을 수 있어요. 그러니 은행 입장에서는 영수증을 요구할 법도 하지요. 깜비오한테 산 페소를 가지고 와서 달러로 바꾸면 은행이 망할 테니까요.

그런데 노부부에게 환전을 해준 아주머니가 정말 '순 날강도'였을까요? 꼭 그렇다고 볼 순 없는 것이, 사설 환전상은 달러를 살 때 페소를 50퍼센트 더 주기 때문에 페소를 사들일 때는 달러를 50퍼센트 덜 줍니다. 현지인 아주머니는 암달러 시장의 환율에 따라 달러를 바꿔준 거지요. 현지 교민을 만나 들어보니 아르헨티나의 환율은 정말 요지경입니다. 2001년도에 아르헨티나의 달러 대 페소 공식 환율은 1대 1이었답니다. 10년 사이에 페소의 가치가 10분의 1로 폭락했어요.

아르헨티나의 인플레이션은 악명이 높지요. 인플레이션율이 30퍼센트였던 해도 있대요. 1년에 예금 재산의 3분의 1이 날아간 겁니다. 이런 상황에서 누가 페소로 예금을 하겠어요. 모든 국민이 페소 대신 달러를 사 모으는 데 혈안이고, 그러다 보니 1대 15라는 암시장 환율이 생긴 거죠.

2014년에 초판이 발행된 《론리플래닛: 중남미》를 들고 다녔는데요. 책에 따르면 엘 칼라파테에서 엘 찰텐 가는 버스 요금이 90페소인데, 제가 갔던 2016년에는 350페소가 되어 있더군요. 페리토 모레노 빙하 국립공원 입장료가 책에는 100페소라고 쓰여 있는데, 가보니 250페소입니다. 3년 동안 여행지 물가가 세 배나 오른 거예요. 1년에 100퍼센트씩 오른 거죠. 아르헨티나에서 만난 외국 여행자들은 하나같이 이곳의 비싼 물가에 혀를 내두릅니다. 책에서 본 가격 정보로 예산을 짜면, 와서 순식간에 빈털터리가 됩니다.

한때 '남미의 파리'라고 불렸던 부에노스아이레스를 여행하다 보면 100년 전 화려했던 건축양식에 감탄사를 연발하게 됩니다. 아르헨티나는 1908년 세계 7위의 경제 대국이었어요. 그런 나라가 어쩌다 인플레이션과 부정부패, 극심한 빈부격차에 시달리게 된 걸까요? 1930년 미국 대공황의 여파로 아르헨티나에 경제위기가 닥쳤는데, 그 틈을 타 군부가 쿠데타를 일으켜 정권을 잡았어요. 이후 군사 정권 시대가 이어졌고, 1970년대 군부의 폭정에 희생된 사람이 3만 명이 넘습니다. 심지어 이들은 나치 잔당에게도 도피처를 제공하고 막대한 비자금을 받았어요.

부패는 위에서 아래로 흘러갑니다. 대통령 자리도 먼저 차지하는 사람이 임자고 전범에게 은신처를 제공하는 나라인데, 새치기나 버스표 한 장 잘못 기재한 게 문제가 될까요? '아, 일단 성공만 하면 도덕적으로 문제가 좀 있어도 상관이 없구나.' 이런 인식이 퍼져 사회 전체가 도덕적 해이에 빠지면, 국가라는 시스템은 더는 작동하지 않아요.

공영방송이던 MBC는 이명박·박근혜 정부 10년 동안 많이 망가졌어요. 저는 유배지를 떠도는 낭인이 됐고요. 나라를 떠나 머나먼 남미에서 안식처를 구하려던 저의 시도는 실패했어요. 덕분에 이제는 국외 도피로 답을 찾지는 않으려고 합니다. 문제가 여기에 있다면, 해결책도 여기에 있을 테니까요. 유배지에서 근무하는 하루하루를 여행을 즐기는 일상으로 바꾸며 살자고 결심했지요. 도망쳐서 달아난 곳에 천국은 없으니까요.

무조건 떠나는 게
답은 아니다

PD라는 직업은 일과 삶의 조화를 이루기 참 어려운 직업이지요. 작가, 배우, 촬영진 등 각 분야의 전문가들과 일하는데요. 대본 작업에서부터 촬영, 편집, 선곡에 이르기까지 모든 작업에 관여하기에 노동 강도가 무척 높습니다. 예전에 미니시리즈 〈내조의 여왕〉을 연출할 때는 하루에 두 시간씩 자면서 일했어요. 새벽 5시에 촬영이 끝나면 집에 가서 씻고 곧장 다시 나와 아침 7시부터 일한 날도 있었어요. 드라마가 끝나고 면역력 저하로 대상포진에 걸려 고생하기도 했어요.

어느 날 아내가 회사에 해외 파견 근무를 신청하더군요. 늦둥이 딸이 당시 다섯 살, 한창 재롱을 부릴 나이인데 헤어져 산다고 생각하니 너무 속상했어요. 가지 말라고 붙잡는데 아내가 일침을 놓아요. "어차피 당신은 드라마 연출하느라 집에도 못 오잖아." 기러기 아빠가 늘어나는 건, 잦은 야근과 주말 근무로 아이들에게 아빠의 부재가 너무 익숙해서인지도 모르겠어요.

〈이별이 떠났다〉라는 드라마를 만들 때, 조연출 후배가 여행용 캐리어를 끌고 회사에 왔어요. 촬영 시작하면 퇴근하기 쉽지 않으니까 아예 갈아입을 옷을 회사에 가져다 놓고 생활하더군요. 밤새워 촬영하고 편집실에 와서 소파에 누워 토막잠을 자고 화장실에서 옷 갈아입고 다시 촬영 나가는 거죠.

예능 조연출은 평균 노동시간이 일주일에 100시간이 넘습니다. 앞으로는 52시간 노동시간에 맞춰야 합니다. 방송 분량은 줄지 않는데 일하는 시간은 반으로 줄여야 합니다. 공중파끼리 경쟁하는 시대를 지나 케이블과 종편에 이어 이제는 유튜브 등 1인 미디어와도 경쟁해야 하는데 말입니다. 노동시간을 어떻게 하면 줄일 수 있을까, 예능 PD들이 모여 대책회의를 하는데 누가 볼멘소리를 했대요.

"잘나가는 유튜버들은 더 재미난 콘텐츠를 만들기 위해 밤을 새워 방송을 만드는데, 공중파 예능을 만드는 우리가 주당 52시간 노동시간을 지키며 어떻게 경쟁할 수 있겠습니까?"

취미로 유튜브를 만드는 사람과 직업으로 예능을 만드는 사람은 달라요. PD가 노동시간을 준수해야 하는 이유는 무엇일까요? 유튜버는 자신을 혹사하는 것으로 끝나지만, PD의 과다 노동은 스태프들의 과다 노동으로 이어질 수 있습니다. 혼자 일하는 게 아니라면,

일터에서 일하는 방식을 바꿔야 합니다. 모두가 행복한 방향으로요.

저는 대학교를 졸업하고 1992년에 첫 직장에 들어갔는데요. 당시로써는 드물게 주 5일 근무제를 도입한 회사였어요. 미국계 기업이었거든요. 일은 육체적으로 힘들지 않은데 정신적으로 괴로웠어요. 치과 외판 사원이었는데, 바쁘게 일하는 의사들에게 영업하기가 쉽지 않았어요. 무작정 찾아갔다가 욕을 먹고 쫓겨나기도 하고요. 일이 힘들어 회사를 그만두려고 했더니 동료들이 말렸어요.

"원래 먹고살자고 하는 일은 힘든 게 당연한 거야. 대신 우리 회사는 주 5일 근무에 정시 퇴근이니까, 취미생활 하기에 좋잖아?"

요즘으로 따지면 워라밸, 그러니까 워크 앤드 라이프 밸런스에 유리한 직장이지요. 하지만 직장 상사의 갑질을 견디고 고객의 갑질을 견디며 일하는 일상이 내 삶의 전부라고 인정하는 순간, 너무 괴로웠어요. 일은 삶을 유지하기 위해 돈을 버는 수단에 불과하고, 나의 진짜 인생은 일이 끝나는 순간 시작한다고 믿어야 힘든 직장생활을 버틸 수 있었어요. 일에서 오는 정신적 괴로움을 잊기 위해 퇴근 후 영어 공부에 매진했습니다. 취미 삼아 하는 영어 공부가 아무리 즐거워도, 그게 일터에서 겪는 괴로움을 대체할 수는 없다는 생각이 들더군요. 결국 일 자체를 바꿨지요.

경제학 박사인 우석훈 저자는 한 인터뷰에서 저서《민주주의는 회사 문 앞에서 멈춘다》(한겨레출판, 2018)에 대해 이런 이야기를 했어요.

요즈음 유행하는 용어가 워라밸(워크 앤드 라이프 밸런스)이다. 워크, 즉 직장은 나쁘고 라이프, 즉 직장 밖의 삶은 좋다면서 밖에서 기쁨을 찾겠다는 거다. 개인적 차원에서는 그게 맞는데 사회적으로 그게 괜찮나. 아니다. 그것은 결국 워크를 지옥으로 계속 두자는 것이다. 선진국은 그렇게 안 했다. 회사를 지옥으로 방치하는 것은 정치의 실패를 말한다. 이건 합의도 쉽고 논의만 하면 빨리 해결할 수 있다. 우리의 민주주의 수준이 높아졌기에 기업 민주주의도 쉽게 할 수 있다.

워라밸이 필요한 이유는 고객의 갑질을, 상사의 갑질을 견디기가 힘들기 때문입니다. 일하는 환경이 너무 열악해서 그래요. 워라밸도 중요하지만, 워라밸을 신경 쓸 필요가 없는 일터를 만드는 게 더 중요합니다. 퇴근 후 나의 삶이 시작되는 것이 아니라, 일터에서 서로의 삶을 존중하고 배려하는 문화가 자리 잡히기를 소망합니다. 퇴근 시간만을 간절히 기다리며 사는 건 삶에 대한 예의가 아니라고 생각하거든요. 근무 시간도 내 삶의 일부니까요.

장기 여행을 즐기는 이들 중에 여행을 떠나는 순간 진짜 삶이 시작된다고 믿는 이도 있어요. 1년 동안 일하고 열흘 휴가를 가는데, 그 열흘이 낙원이고 1년이 지옥이면 결국 회사를 그만두고 여행을 떠나게 되지요. 하지만 무조건 떠나는 게 답은 아닙니다. 회사생활이 힘들면 그 이유가 어디에 있는지 찾아야 해요. 원인이 나라면 나를 바꾸고, 원인이 회사라면 조직문화를 바꿔야 하지 않을까요?

장강명 작가의《한국이 싫어서》를 보면, 주인공 계나가 한국이 싫어서 호주로 이민을 떠나는 장면이 나옵니다. 처음 도착해서 묵게 되는 곳이 유학생 셰어하우스인데, 청춘 남녀가 함께 지내지만 〈논스톱〉 같은 분위기는 아니라고 말해요(좋아하는 작가의 글 속에서 저의 연출 데뷔작을 만나니 영광입니다).

〈논스톱〉에서 그린 캠퍼스 라이프는 약간의 판타지였어요. 2000년 초반에 방송된 〈논스톱〉 시리즈의 주된 시청자층은 중고생이었어요. 그 시절 중고생들은 대학만 가면 〈논스톱〉 같은 생활이 펼쳐진다고 생각했지요. 그때는 다들 이상적인 미래를 꿈꾸었어요. 요즘은 청춘 시트콤이 사라졌어요. 대학이 더는 청춘의 이상향이 아니라는 걸 아이들도 알거든요.

청춘 시트콤을 대체한 것이 〈응답하라〉 시리즈라고 생각합니다. 이 시리즈가 그리는 이상향은 미래나 현재가 아닌 과거입니다. 그 과거도 시즌을 거듭하면서 점점 더 오랜 옛날로 거슬러가고 있죠. 생각해보면 좀 서글픈 일입니다.

한동안 저는 한국을 떠나 여행을 다녔어요. 한국에서, 회사에서 제가 할 수 있는 일이 없었기 때문이지요. 아이와 함께 발리에 간 적이 있는데요. 발리 꾸따 비치에 컵밥 가게가 있는 걸 보고 놀랐어요. '노량진 고시촌에만 있는 줄 알았더니 여기도 컵밥 가게가 있네?' 한국에서 온 젊은 커플이 운영하는데, 검게 그을린 한국인 서퍼 아가씨들이 많이 오더군요. 영어도 잘하고 인생도 즐길 줄 아는 젊은 한국 여성들이 많았어요. 그을린 정도를 보니 장기 체류 중인 듯했지요. 저들이 매일 파도를 타면서 씻어버리고 싶은 기억은 무엇일까? 저들도 나처럼 한국에서 더는 할 수 있는 일이 없어 나온 것일까?

그들의 눈에 나는 어떻게 보였을까요? 발리의 한국 식당에서 아이에게 책을 읽어주는 50대 아저씨. 세상을 이 지경으로 만들어놓은 기성세대의 한 사람이면서, 오로지 자신의 아이에게는 아등바등 교육 자본과 경험 자본을 물려주겠다고 해외여행 데리고 다니며 책을 읽히는 이기적인 맹렬 아빠?

문득 부끄러워지더군요. 그때 결심했어요. 한국으로 돌아가야겠다고요. 무엇이든 한국에서 도전해봐야겠다고요. '한국이 싫어서' 떠나는 무책임한 어른이 될 수는 없으니까요. 그런 한국을 만든 것도 기성세대인 제 책임이니까요.

답이 보이지 않을 때 무작정 떠나는 것만이 해법이라고 생각하지는 않아요. 지금 이곳에 문제가 있다면, 그 답도 이곳에서 찾아야 할지 몰라요. 무엇보다 변화는 지금 여기에서 시작돼야 한다고 믿습니다. 저는 워라밸도 좋지만 내 일터를 바꾸고, 내 삶의 변화를 일구는 사람이 되고 싶어요.

여행의 즐거움을 극대화하는
세 가지 방법

여행을 좋아하는 저는 평소에는 여행에 관한 책을 읽으며 대리만족을 합니다. 가이드북부터 여행기, 에세이까지 다양한 책을 읽는데요. 여행을 잘하려면 여행의 기술이 필요하다고 믿습니다. 《여행의 심리학》(어크로스, 2016)을 쓴 심리학자 김명철 박사는 무언가를 더 잘하기 위해서는 세 가지 마음가짐이 필요하다고 말합니다. 첫째는 내가 잘할 수 있다는 믿음, 즉 자기효능감이고요. 둘째는 자신의 성장을 위해 그 일을 하는 것이고, 셋째는 그 일을 스스로 평가할 수 있는 기준을 갖춰야 한다는 겁니다.

여행도 마찬가지예요. 첫째, 여행을 잘할 수 있다는 믿음이 필요하고요. 둘째, 여행을 통해 자신을 성장시키겠다는 각오와 다짐, 노력이 필요합니다. 그리고 셋째, 여행을 통해 얻고 싶은 목표를 분명히 하고 여행을 평가하는 자신만의 기준도 필요합니다.

《여행의 심리학》은 좋은 여행자가 되는 데 필요한 지식과 기술, 신념, 목표, 평가 기준을 소개하는 책인데요. 이 책에서 저자가 제안하는 여행의 기술 두 가지가 있어요. 하나는 마음을 챙기는 것이고, 또 하나는 부정 정서에 휩쓸리지 않는 것입니다.

'마음 챙김'이란 원래 불교적 명상 수행과 관련한 개념인데, 핵심은 '지금, 여기서 일어나는 일에 주의를 집중하며 마음을 여는 것'입니다. 여행을 최대한 즐기기 위해서는 지금 여기에 집중하는 게 좋습니다. 여행할 때 저는 휴대전화를 비행기 탑승 모드로 맞춰요. 한국에서 일어나는 일에서 관심을 거두는 것이지요. 그리고 지금 내 앞에 있는 풍광, 내 곁에 있는 사람들에 집중합니다.

부정 정서에 휩쓸리지 않는 것도 중요해요. 진화심리학에 따르면, 부정 정서는 긍정 정서보다 더 강렬하게 체험되고 더 강렬하게 기억됩니다. 기쁘고 즐거운 일을 기억하는 것도 중요하지만, 먹어서는 안 될 것들과 덤벼서는 안 될 놈들에 대한 정보를 뼈에 새기는 것이 생존에 유리하니까요. 문제는 그 때문에 두 번 다시 먹을 일 없는 음식과 두 번 다시 만날 일 없는 사람에 대한 나쁜 경험을 크게 생각하기 쉽다는 거예요. 부정 정서를 정리하기 위해 긍정심리학자가 제안하는 방법은 '감사 편지 쓰기'랍니다. 날마다 고마운 사람을 떠올려보며 이들에게 감사 편지를 쓰는 거지요. 저는 블로그에 올리는 여행일지로 감사 편지를 대신합니다. 저자는 '여행 숙소 베스트 10'이나 '한 끼 베스트 10'을 꼽는 게 습관이랍니다. 이런 작은 노력 덕분에 여행의 기억이 행복한 추억으로 오래오래 이어질 수 있는 거지요.

여행의 즐거움을 극대화하기 위해 저는 세 가지를 권합니다.

첫째, 먼저 여행을 떠나기 전 준비 과정을 즐기는 겁니다.

책을 읽고 가이드북을 통해 정보를 수집합니다. 그러면 자신감이 생겨요. 여행을 잘할 수 있다는 믿음이 생기지요.

둘째, 마음 챙김을 통해 여행의 매 순간을 즐깁니다.

회사 일이나 복잡한 집안일 등은 여행하는 순간만이라도 잊고 지냅니다. '지금 여기'에 집중하는 거지요.

마지막으로 여행을 마친 후 여행기를 기록합니다.

여행의 행복을 정리해두었다가 종종 기억에서 불러내 생생하게 추억하는 것이지요. 여행을 다녀온 후에는 시간이 날 때마다 여행기를 한 편씩 블로그에 올립니다. 여행하는 순간도 즐겁지만, 여행 중 메모해둔 글을 불러내 살을 붙이고 사진을 골라 여행기를 만드는 것도 재미있습니다. 김명철 박사는 《여행의 심리학》에서 이렇게 말했어요.

> 여행은 이야기다! 길고 짧은 것을 떠나서, 좋고 나쁨을 떠나서, 비싸고 싼 것을 떠나서, 성격과 취향을 떠나서, 모든 여행은 사건을 겪는 주체가 명확하고 뚜렷한 시공간적 배경이 있으며 사건의 흐름이 유기적으로 연결되는 훌륭한 이야기일 수밖에 없다. 이야기를 썩히면 죄가 된다. 우리 자신의 경험에 충실하지 못한 죄, 행복하고 의미 있는 경험을 망각의 강으로 떠내려 보낸 죄, 그리고 다른 사람들에게 여행이라는 극진한 경험을 부추기지 못한 죄 말이다.

여행을 떠나기 전에는 준비하는 동안의 설렘을 누리고, 여행하는 순간에는 현재를 즐기고, 다녀와서는 기록을 통해 오래도록 여행의 추억을 즐기는 것, 그것이 여행의 즐거움을 극대화하는 방법 아닐까요?

낯선 것을 익숙한 영역으로!
경계를 조금씩 확장한다

이 모든 일의 시작이 된
생애 첫 번째 여행

1992년 대학 졸업을 앞둔 4학년 여름방학, 유럽으로 배낭여행을 떠났어요. 취업하면 여행은 못 갈 것 같아서 내 인생 마지막 기회라고 생각하고 떠났지요. 경비는 200만 원, 영어 과외를 하면서 모아둔 돈이었어요. 당시 유럽 왕복 항공권이 80만 원이었고, 유레일패스를 사는 데 40만 원이 들었습니다. 그러니 숙식을 포함한 순수 여행 경비가 80만 원이었지요. 하루 2만 원도 안 되는 예산으로 유럽에서 45일간 먹고 자고 다 해결했어요.

식비를 줄이려고 어딜 가든 현지 음식만 먹었어요. 어디든 그 나라만의 값싼 음식이 있거든요. 프랑스엔 바게트, 영국엔 피시 앤 칩스, 독일엔 소시지 빵. 한국으로 치면 김밥인 거죠. 파리에서는 하루 세끼를 바게트로 때웠어요. 워낙 싸더라고요. 두 개를 사면 하나가

반값이라 아침에 바게트 두 개를 사서 하나는 먹고, 남은 하나는 배낭에 우산처럼 길게 꽂고 다녔어요.

바게트가 처음이라 통째로 들고 물어뜯다 보니 입천장이 다 까졌어요. 투덜거렸죠. 프랑스 사람들은 입안이 무쇠로 되어 있나 보다. 이렇게 거칠고 딱딱한 빵을 잘도 먹네. 나중에 누가 가르쳐주더군요. 그 빵은 입으로 물어뜯는 게 아니라, 손으로 갈라 딱딱한 껍질 쪽을 혀에 대고 부드러운 속살을 입천장에 대고 씹는 거라고. 그렇게 먹으니 좀 낫더군요. 입안이 다 헐어 아픈데도 매일 바게트만 먹었어요.

하루 세끼를 바게트로 때우니 좀 질리더군요. 딸기잼이라도 발라먹으면 낫지 않을까 하는 생각에 가게에 갔습니다. 진열대를 뒤져서 딸기잼을 찾는데, 포장지에 영어가 전혀 없어요. 프랑스 사람들의 모국어 사랑은 아주 대단해서 영어 표기를 찾기란 하늘의 별 따기죠. 그중 딸기 그림이 그려진 유리병을 발견했어요. 생각보다 저렴하더군요. 해 저무는 공원 벤치에 앉아 딸기잼을 바게트에 발라 한 입 베어 물었습니다. "우웩!" 세상에, 그렇게 맛없는 딸기잼은 처음이었어요. "무슨 잼이 이래?" 투덜거리며 억지로 꾸역꾸역 먹는데, 지나가던 프랑스 청년이 신기하다는 듯이 쳐다보며 묻더군요. "너는 왜 아기 이유식을 빵에 발라 먹니?" 아기 이유식이 참 담백하다는 사실도 그때 알았네요.

가끔은 게스트하우스의 공동주방에서 식사를 해결했어요. 아침에 식빵과 달걀을 제공하는 숙소도 있는데요. 식빵에 달걀 프라이를 얹고 채 썬 양상추를 올린 다음, 토마토케첩과 마요네즈를 더하면 간단한 에그 샌드위치가 탄생합니다. 시리얼에 우유를 부어 먹을 땐 바나나를 조각내어 함께 먹기도 하고요. 어디를 가든 그 나라에서 가장 싼 식재료를 구해 게스트하우스 공동주방에서 간단히 요리해 먹었습니다.

유럽 배낭여행을 할 땐 숙박비를 아끼려고 도시 간 이동은 주로 야간열차를 이용했어요. 새벽 3시에 낯선 도시에 도착하면 기차역 벤치에서 웅크리고 눈을 붙였어요. 슬리핑백을 이불 삼아 기차역 구석에 앉아 노숙을 한 거죠. 어느 날 벨기에 브뤼셀역에서 아침에 일어나 세수하러 화장실로 갔어요. 시간을 아끼려고 칫솔에 치약을 묻혀 양치질을 하면서 갔죠. 반대편에서 걸어오던 백인 청년들이 그런 저를 보고 자기들끼리 배꼽이 빠져라 웃어대더군요. '기차역에서 걸어 다니며 양치질하는 동양인 노숙자가 웃긴 건가?' 치카치카 부지런히 이를 닦으며 화장실에 도착했는데, 문이 잠겨 있었어요. 청소 중이래요. 입 안 가득 양치 거품을 물고 멍하니 서 있었어요. 아까 그 친구들이 왜 웃었는지 그제야 이해가 가더군요. 그 친구들도 화장실에 왔다가 문이 잠긴 걸 보고 돌아가는데 한 동양인이 양치질을 하며 화장실로 오고 있으니까요. 근처에 숨어서 제가 어떻게 할지 지켜봤을까요? 결국 비싼 생수 한 병을 사서 양치질을 마무리했죠. 피 같은 내 돈!

돈이 없다고
즐기지 말라는 법은 없다

유스호스텔에 가면 가장 싼 8인실을 이용하는데요. 파리 외곽의 유스호스텔에 갔더니 도미토리보다 더 싼 게 있더군요. 게스트하우스 정원에 쳐놓은 텐트요. 거기서 자면 1박에 5000원이었어요. 여행 경비를 아끼려고 며칠 동안 텐트에서 지냈는데요. 저녁에 혼자 텐트에 앉아 있으니 서글퍼서 대부분의 시간을 공용 휴게실에서 보냈어요. 거실 구석에 통기타가 있더군요. 〈예스터데이〉나 〈비포 더 돈〉 같은 팝송을 기타로 반주하며 노래하는데, 어느 날은 여자 둘이 들어와 눈을 빛내며 들었어요. 헝가리 부다페스트에서 온 20대 자매였는데, 공산권 국가이던 헝가리가 문호를 개방한 직후 생애 최초로 외국 여행을 온 거래요.

당시 헝가리는 외부 세계와 교류가 없었던 터라 동양에서 온 저를 무척 신기해했어요. 동유럽 국가 사람들은 영어를 안 써요. 서로 말은 안 통하지만, 우리는 팝송을 부르며 친해졌어요. 음악은 만국 공용어니까요. 어디를 가느냐고 물을 때는 지도를 펴놓고 여행 경로를 손가락으로 가리켜달라고 했지요. 기차를 설명하려고 "칙칙폭폭 칙칙폭폭" 하면서 기차가 달리는 시늉을 했더니 둘이 한참을 웃더군요. 말이 안 통할 때는 역시 몸개그예요. 헤어질 때는 메모지에 헝가리의 집 주소를 적어주더군요. 여자가 놀러오라고 집주소를 알려준 건 태어나서 처음이었어요.

오스트리아 여행을 마친 후 헝가리로 자매를 찾아갔어요. 영어 한마디 통하지 않는 부다페스트에서 물어물어 찾아갔는데, 반갑게 맞아주더군요. 일주일 동안 그 집에서 머물렀어요. 기차역에서 노숙하거나 도미토리만 이용하던 저로서는, 자매가 내어준 독방이 거의 꿈만 같았어요. 부다페스트는 여행 계획에 없던 곳이라 어디를 가서 무엇을 봐야 할지 모르겠더군요. 1992년 당시엔 인터넷도 없어 정보 검색도 힘들었거든요. 일주일 내내 시내를 돌아다니면서 영화 포스터나 간판이 붙어 있는 곳을 찾아다녔어요.

당시 저는 가난한 영화광이었거든요. 그 시절 서울의 개봉관에서 영화를 보려면 한 편에 5000원 정도가 들었는데, 헝가리에서는 영화 한 편이 500원이었어요. 동유럽 국가들은 당시 물가가 많이 쌌거든요. 오페라 극장을 리모델링한 운치 있는 영화관에서 온종일 영화를 봤어요. 회화 공부하는 셈 치고 매일 나만의 부다페스트 영화제를 연 거죠.

교통비를 아끼려고 시내에서는 주로 걸어 다녔어요. 낯선 도시에 도착하면 기차역을 중심으로 하염없이 걷습니다. 여행 정보 책자를 보면 도시별로 도보 여행 추천 코스가 나옵니다. 대개 역이나 시청이 중심이지요. 서울을 예로 들면, 서울역에서 남산까지 걷는 코스 또는 시청에서 청계천을 따라 인사동까지 가는 코스가 있듯이요. 두어 시간 걷다 보면 자연스럽게 그 도시의 문화와 정서를 알 수 있어요. 그러다 문득 깨닫게 되지요. 길은 어디로든 통한다는 것을.

짠돌이 여행자인 저도 스위스에 갔을 때는 고민을 좀 했어요. 당시 눈 덮인 융프라우의 경치를 보려고 인터라켄까지 갔는데, 산악열차 티켓이 거의 10만 원에 육박하더군요. 저의 여행 예산 10분의 1을 넘지요. 갈까 말까 고민하던 차에 홍콩에서 온 여행자를 만났어요.

"융프라우를 공짜로 보는 방법이 있는데 같이 갈래?"

공짜라는 말에 귀가 번쩍 뜨였어요.

"어떻게?"

"걸어서 산등성이까지 오르는 거지."

"거기서도 융프라우 정상이 보여?"

"저 멀리 조그맣게 보이지."

다음 날 이른 아침, 걸어서 알프스를 오르기 시작했어요. 남들은 기차 타고 가는 길을 걸어서 가려니 힘들어 죽는 줄 알았습니다.

"친구야. 다음엔 우리 꼭 돈 벌어서 기차 타고 가자."

제가 운영하는 블로그의 이름은 '공짜로 즐기는 세상'입니다. 블로그 글을 모아 낸 첫 책도 같은 제목이었는데요. 아내가 그걸 보고 한마디 했어요.

"아니, 책 제목을 '공짜로 즐기는 세상'이라고 지어놓으면 그 책을 누가 돈 주고 사겠어?"

저는 극단적인 짠돌이의 삶을 삽니다. 술, 담배, 커피를 즐기지 않아요. 후배가 회사 휴게실에서 만나자고 하면, 사무실에 있는 티백으로 녹차를 타서 머그잔에 들고 갑니다. 매점에서 커피를 팔기도 하지만 저는 소비에 익숙한 삶을 극도로 경계합니다.

초등학교 때 저의 꿈은 작가였어요. 어려서부터 책 읽고 글 쓰는 걸 좋아했습니다. 하지만 아버지께서 글 쓰는 직업은 굶어 죽기 딱 좋다고 의사가 되라고 하셨지요. '수포자'인 저를 억지로 이과로 보내셨어요. 제 인생이니까 저의 선택을 존중해주시면 좋겠다고 했더니, 이런 말씀을 하셨어요.

"내 집에서 내가 번 돈으로 먹고살려면 내 말을 들어야지."

대학 가서 처음엔 입주 과외를 하며 돈을 벌었고, 하숙비가 떨어졌을 땐 학교 동아리방에서 숙식을 해결했어요. 다들 집으로 돌아가고 동아리방이 텅 비면 책상을 붙여 담요를 깔고 잤어요. 돈을 벌기는 쉽지 않지만, 아끼는 건 쉬워요. 돈을 벌려면 타인의 욕망을 충족시켜줘야 하는데, 돈을 아끼려면 나의 욕망만 절제하면 되거든요. 다들 돈 벌 방법을 연구하지만, 궁극의 방법은 돈을 아끼는 습관이라 생각합니다.

절약하는 습관은 배낭여행 덕분에 길러졌어요. 살다가 힘든 지경에 닥쳐도 여유롭게 웃습니다. 인생의 위기는 주로 돈을 더 벌고자 할 때 옵니다. 돈에 대한 욕심을 줄이면 인생이 훨씬 여유로워집니다. 유럽 배낭여행을 통해 배웠어요. 돈이 없다고 즐기지 말라는 법은 없다는 것, 덜 벌고 더 즐겁게 사는 방법도 있다는 걸 말이지요. 지금도 회사생활을 하다 선택의 갈림길에 서면 자신에게 물어봅니다. '돈을 버는 게 중요한가, 자유롭게 사는 게 중요한가?' 저는 후자를 선택합니다.

세상에는 공짜로 즐길 수 있는 게 은근히 많아요. 인생을 사는 데 큰돈은 필요 없다는 믿음이 있다면, 돈을 벌기 위해 불필요한 스트레스를 감내하지 않아도 됩니다. 집도 없고 돈도 없고 가진 것 아무것도 없어도, 온 세상을 내 것인 양 즐길 수 있어요. 그런 점에서 배낭여행족은 '공짜로 즐기는 세상'의 주인이지요.

여행은 인생에
새로움을 추가할 기회다

첫 직장을 다니던 1994년, 영업사원으로 일하는 게 많이 힘들었어요. 사표를 내고 영어 공부를 하고 싶었는데, 아버지께서 펄쩍 뛰셨어요. 함부로 회사 그만두면 나중에 굶어 죽는다고요. 하지만 유럽 배낭여행 갔을 때 전 이미 배웠어요. 굶어 죽기 쉽지 않다는 걸 말이지요. 바게트로 삼시 세끼를 때우고도 살 수 있는데, 뭐가 문제겠어요. 굶어 죽어도 좋다는 각오로 회사에 사표를 던지고 한 달 반 동안 호주로 배낭여행을 떠났어요.

시드니에서 시작해서 케언스까지 동부 해안을 따라 올라갔어요. 케언스는 그레이트 배리어 산호초로 유명한 도시입니다. 그곳에서 난생처음으로 스노클링이란 걸 했어요. 산호초를 보는 가장 좋은 방법은 스쿠버다이빙이라고 하던데요. 그건 자격증도 필요하고 산소통도 필요하고 비용이 꽤 들더군요. 가장 저렴한 방법이 스노클링이었어요.

배를 타고 한 시간을 달려 산호초가 있는 무인도 근처에 도착하니, 스노클링 기어를 나눠주더군요. 유럽 친구들이 "와아!" 환호성을 지르며 바다로 뛰어들었어요. 저도 따라 뱃전에서 뛰었지요. 바닥이 보여서 얕은 물인 줄 알았는데, 수심 10미터가 넘어요. 바닥이 발에 닿지 않으니 무섭더군요. 실내수영장에서 배운 수영은 깊은 바다에선 무용지물이에요. 파도가 치니까 대롱을 통해 입속으로 짠물이 계속 들어오고, 스노클링 기어를 입에 물고 있는 탓에 살려달라고 소리도 못 지르고, 그렇다고 대롱을 뺄으면 다시는 숨도 못 쉴 것 같고···. '아, 이렇게 죽는구나' 싶었어요.

그런데 곧 죽을 것 같던 그 순간, 눈앞에 예쁜 물고기들이 왔다 갔다 하는 거예요. 그레이트 배리어 리프는 유네스코 세계자연유산 10대 경관 중 하나입니다. 산호초와 열대어가 빚어내는 바닷속 풍광이 정말 환상이에요. 그런 생각이 들더군요. '어차피 한 번 죽는 인생, 이렇게 아름다운 풍경을 보다가 죽는 것도 나쁘지는 않겠다.' 마음이 편안해졌어요.

죽음을 각오하니 긴장이 풀리면서 몸이 자연스레 뜨더군요. 필사적으로 헤엄칠 때는 호흡도 쉽지 않았는데, 걱정을 내려놓으니 호흡도 움직임도 유연해졌어요. 바닷속 풍경을 찬찬히 살피느라 고개를 아래로 처박고 있으니 대롱 속으로 바닷물이 들어오지도 않아요. 고개를 들면 오히려 대롱이 물에 잠겨 바닷물이 들어오는데 말이지요. 뒤늦게 스노클링 요령을 깨우친 거지요. 팔다리를 조금씩 움직이며 느릿느릿 헤엄쳤어요.

보니까 깊은 바닷속에도 산이 있고 계곡이 있고 논이 있고 밭이 있어요. 화려하게 피어난 꽃도 있고, 기암절벽도 있어요. 그 속을 누비는 형형색색의 물고기 떼는 마치 밭일 하는 농부 같기도 하고, 말 달리는 병사 같기도 하고, 소풍 나온 유치원 병아리 떼 같기도 합니다. 바다에 떠 있는 건 마치 높은 하늘을 날아다니며 아래를 내려다보는 기분이에요. 슈퍼맨이 하늘을 나는 기분이랄까요. 그렇게 조금씩 나아가다 보니 어느새 발아래 모래가 밟히더군요. 살았다 싶었어요.

무인도 해변에 도착하니 먼저 온 이들이 바비큐 파티를 즐기고 있는데, 보니까 다들 구명조끼를 입고 있더군요.

"그 구명조끼는 어디서 났어?"

"여기는 파도가 거치니까 수영이 서툰 사람은 이걸 입고 물속에 들어가라고 했는데?"

그때 저쪽에서 할아버지, 할머니들이 고무보트를 타고 오더군요.

"저 보트는 어디서 났어?"

"자신 없는 사람은 기다리면 보트로 섬까지 태워준다고 했는데?"

"언제 그랬어?"

"네가 바다에 뛰어들고 난 다음에."

서양 친구들 따라 하다 죽을 뻔했네요. 죽을 고비를 넘기긴 했지만, 그 아름답던 바닷속 풍광은 잊히지 않아요. '여기라면 죽어도 좋아!' 싶던 그 순간이요.

여행이 일상과는 다른 세상을 체험하는 것이라면, 그중 스노클링을 손가락에 꼽을 만해요. 해저 세계라는 완전히 이질적인 세상을 보는 거니까요. 스쿠버다이빙을 하는 사람도 있지만, 저는 스노클링이 좋아요. 겁이 많아 바다 깊숙이 들어가는 것보다 물 위에 떠서 심리적 안정감을 유지하고 싶어요. 스노클링은 해양 레포츠 중 가장 싸고 쉽습니다. 교육 과정을 이수할 필요도 없고, 비싼 장비도 필요 없어요. 진입장벽은 낮고, 가성비는 높은 해양 레포츠입니다. 비록 첫 경험 때 죽을 뻔하긴 했지만, 이제는 여행 갈 때마다 스노클링이 빠지지 않는 필수 코스가 됐어요. 여행이 아니었다면 스노클링의 재미는 여전히 모르고 있겠지요. 여행은 이래서 좋아요. 인생에 새로운 즐거움을 추가하는 기회거든요.

회사 그만두면 굶어 죽는다고 다들 난리를 치지만, 그때의 저는 사표를 낸 덕에 인생이 즐거워졌어요. 또 한편으로는 해고를 각오하고 싸운 덕에 삶이 더욱 풍성해지기도 했고요. 여행을 하면서 느꼈어요. 죽음을 각오하면 오히려 삶이 즐겁다는 것을.

관광객에겐 일정이 있고,
여행자에겐 과정이 있다

미국에서 MBA를 딴 아내는 딸들과 미국 친구들 집에 놀러 가고 싶다고 노래를 했어요. 마침 출판사에서 책을 계약하고 선인세를 받은 참이라 여행 경비에 보태라고 전액을 아내에게 줬어요. 아내는 딸들과 2주간 미국 여행을 떠나 뉴욕도 가고, 워싱턴도 가고, 올랜도 디즈니 리조트도 갔지요.

아내가 아이들을 데리고 여행을 떠난 동안 저는 자전거 전국 일주를 준비했어요. 그런데 출발을 앞둔 11월 중순에 한파가 몰아닥쳤어요. 영하의 날씨에 남한강 자전거길을 달리는데, '이 추운 날씨에 얇은 스판덱스 차림으로 맞바람을 맞으며 하루 100킬로미터를 달리다니 웬 고생이냐' 싶더군요. 눈물을 머금고 포기하고 돌아왔어요. 기왕에 휴가를 냈으니 어디라도 가고 싶었습니다. 추울 때 어디를 가면 좋을까 하던 차에 타이완이 떠올랐습니다. 곧바로 타이베이 왕복 항공권을 끊었어요.

타이베이에는 관광객들이 즐겨 찾는 유명한 건물이 있어요. '타이베이 101'이라고 101층짜리 건물인데요. 한때 세계 최고층 빌딩으로 이름을 날렸던 곳입니다. 여기에 오면 다들 전망대에 올라가는데요. 초고속 엘리베이터로 올라가는 입장료가 신타이완 달러 500원, 우리 돈으로 2만 원 정도 합니다. 저는 돈을 내고 입장하는 전망대는 그냥 패스합니다. 대신 '타이베이 101 스카이워크'를 걸었습니다. 2층 높이에 건물과 건물을 연결하는 공중보도인데요, 그 길을 걸으면서 젊은이들이 가득한 거리를 구경했어요.

사람들이 관광객과 여행자의 차이가 무엇인지 물으면, 저는 관광객에겐 최고가 중요하고 여행자에겐 최선이 중요하다고 말합니다. 관광을 다닌다면 제한된 일정 안에 여행지를 잘 보기 위해 최고의 목적지를 선정하겠죠. 그러니 제일 높은 곳이나 제일 유명한 곳들을 찾지요. 혼자 다니는 제게 그런 목표는 없어요. 그냥 발길 닿는 대로 걸으며 과정을 즐깁니다. 말로는 "걷기는 공짜에다 운동도 됩니다"라고 하지만, 실은 그냥 돈 쓰기가 싫은 짠돌이인 거예요. 여행의 즐거움이라는 측면에서 제게 중요한 건 지속 가능성이에요. 돈을 많이 들이면 여행을 오래 하기 힘들어요. 가능한 한 적은 경비를 들여 오래 여행하는 걸 선호합니다.

| 샹산에서 바라본 타이베이 101

    스카이워크에서 내려온 저는 타이베이 지하철 2호선 종점인 샹산으로 갔어요. '코끼리 산'이라고 알려진 곳으로, 여행 사이트에서 여행자들이 타이베이 최고의 여행지로 평가하는 장소지요. 오후 4시 반에 산책로를 오르기 시작하면 등 뒤로 해가 뉘엿뉘엿 지기 시작합니다. 전철역부터 길 안내가 잘돼 있어 처음 가는 사람도 어렵지 않게 찾아갈 수 있어요. 정상까지 오르는 데 20분 정도 걸리는 가벼운 트레킹 코스입니다.

    가파른 계단을 오르는데, 사람이 좀 많습니다. 샹산 정상에 오르면 타이베이 101 너머 해가 지는 모습을 볼 수 있거든요. 사진을 찍으려고 줄을 서서 기다리는 사람도 많아요. 타이베이 101 전망대에서는 절대 볼 수 없는 풍경이지요. 심지어 공짜고요. 과연 타이베이 최고의 명소라 불릴 만하네요.

시내 관광도 좋지만, 돈 안 쓰는 저 같은 짠돌이는 등산이나 트레킹 같은 도보 여행을 선호해요. 타이베이의 이름난 명산, 양밍산도 찾아갔어요. 서울에서 제가 좋아하는 북한산 둘레길 같은 트레킹 코스가 이곳 타이베이에도 있어요. 양밍산의 유명한 도보 여행 코스는 '얼즈핑 트레일'이에요. 타이완 최초의 야외 무장애 보도입니다. 휠체어를 탄 장애인도 거뜬히 오를 수 있도록 조성돼 있어요. 유모차에 아이를 태우고 오는 가족도 많이 보이고, 몸이 불편한 이를 휠체어에 태우고 나들이 온 가족도 많아요. 서울 안산이나 관악산에도 이런 무장애 보도가 늘어나고 있죠. 고령화 시대에 꼭 필요한 시설이 아닐까 싶습니다. 얼즈핑 트레일은 버스 정류장에서 1.8킬로미터, 왕복 한 시간 반 정도 걸리는 코스인데, 길이 잘 정비되어 있어 가벼운 운동화 차림으로도 걸을 수 있어요. 숲길을 한참 걷다 보면 탁 트인 생태공원이 나타납니다. 외국인들이 남긴 리뷰를 보니 이 트레킹 코스가 타이베이의 숨겨진 절경이라는 칭찬이 많더군요.

타이베이를 둘러본 후, '타이완의 금강산'이라 불리는 명산 타이루거를 찾아 화롄역으로 갔습니다. 미리 예약해둔 역 근처 숙소를 찾아갔어요. 6인실 도미토리였는데 2층 침대 대신 최신식 캡슐이 놓여 있더라고요. 오히려 깔끔하고 편안하고 독립적인 공간이어서 더 좋았어요. 게다가 손님이 없어 6인실 하나를 저 혼자 썼어요.

에어비앤비와 같은 인터넷 숙소 예약 사이트를 이용할 때 저만의 짠돌이 숙소 감별법이 있어요. 숙소 검색을 할 때 먼저 지도를 띄웁니다. 기차역을 중심으로 걸어서 5분 거리 이내의 숙소들을 살펴보고, 그중 가격이 가장 저렴한 방을 고른 후, 외국인 배낭여행족들의 리뷰를 읽습니다. 이때 중요한 건 가격 대비 만족도지요. 그 과정을 거쳐서 1박에 우리 돈 1만 3000원짜리 숙소를 찾은 거예요. 왜 이리 쌀까요?

이곳은 무인텔로 운영됩니다. 직원은 낮에 청소만 해두고 오후 4시에 퇴근해요. 제가 도착한 게 저녁 7시쯤이었는데 직원이 없어요. 현관문 비밀번호는 메시지로 알려주고, 1층 휴게실 탁자 위에 방 열쇠를 놓아두었고요. 스마트폰으로 예약하고 앱으로 결제를 하니, 직원이 밤새도록 프런트를 지키고 있을 필요가 없는 거지요. 인터넷 덕분에 숙소는 인건비를 줄이고, 여행자는 싸고 편하게 다닐 수 있어요. 옛날엔 가이드북 들고, 지도 보면서, 숙소를 찾아갔다가 방이 없어 헤매곤 했는데 말이죠. 여행 다니기 참 좋은 시절입니다. 바야흐로 여행자의 시대예요.

아는 만큼
즐길 수 있다

타이베이 고궁박물관은 세계 5대 박물관 중 하나입니다. 처음엔 '이 작은 섬나라에 그런 박물관이 있다고? 중국인 특유의 허풍 아니야?' 했어요. 이름은 고궁박물관인데, 건물은 현대식이에요. '고궁'은 청나라 자금성을 가리키는 것으로, 자금성에 있던 보물을 모아둔 박물관이라는 뜻이에요. 청나라가 망했을 때 베이징 자금성에 있던 왕조의 보물을 국민당이 차지합니다. 일본군의 약탈에서 보호하겠다고 빼돌린 건데, 양이 어마어마합니다. 전쟁에서 패하고 타이완으로 도망 올 때 보물 60만 점을 들고 왔어요. 그래서 중국 역대 최고 보물들이 타이완의 고궁박물관에 모이게 된 거죠.

방문객이 많다는 얘기에 개관 시간 8시 30분에 맞춰 입장했습니다. 중국인 단체 관광객을 피하는 가장 좋은 방법은 무조건 아침 일

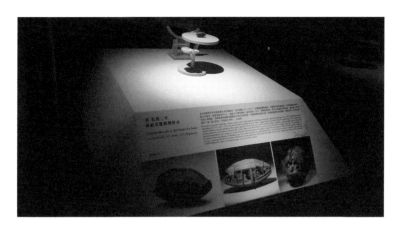

| 올리브 씨앗에 배를 조각한 전시품

찍 가는 것이죠. 혼자 한 시간 정도 관람한 후 출구로 나오면서 손등에 스탬프를 찍었어요. 이러면 다시 입장할 수 있는데, 오전 10시에 시작하는 영어 가이드 투어(무료, 사전 인터넷 신청)를 듣기 위해서예요. 혼자서 한 번, 설명을 들으며 또 한 번, 두 번을 보니 보물 구경 제대로 하게 되네요.

혼자 볼 때는 그냥 지나쳤던 전시물도 박물관 가이드의 영어 설명을 들으며 다시 보니 새롭게 보입니다. 작은 조각품인가 하면서 대수롭잖게 넘어간 게 있는데, 설명을 들어보니 올리브 씨앗에 배를 조각한 것이더군요. 배 바닥에는 한자 357자가 새겨져 있어요. 올리브 씨앗에 소동파의 〈적벽부〉 전문을 새겼답니다. 장강에 배를 띄우고 노는 풍경을 묘사한 한시지요. 돋보기로 들여다보면 씨앗을 조각

97

한 배에 사람도 여덟 명이나 타고 있어요. 그 정교한 솜씨에 혀를 내두르게 됩니다. 건너편에는 서예 한 폭이 있는데 〈적벽부〉의 전문입니다. 그 옆에는 도자기가 있는데요, 자세히 보면 〈적벽부〉 그림으로 장식을 했네요. 즉 그 전시실의 테마는 소동파의 〈적벽부〉였어요. 혼자 볼 땐 몰랐는데 설명을 들으니 전시물 간의 맥락이 연결되네요. 투어를 쫓아가다 보면 왕들의 이야기가 시대순으로 펼쳐집니다.

고궁박물관에 가시는 분은 꼭 가이드 투어를 들어보세요. 한글 오디오 가이드도 있습니다. 설명 없이 보면 잘 몰라요. 유물에 깃든 사연을 듣고 봐야 재미있어요. 중국의 조공은 사실상의 국제 무역이었답니다. 조공이라는 형식을 통해 세계 각국의 진귀한 보물이 황궁에 모인 거지요.

자금성의 보물을 보며 중국 역사를 생각해봤어요. 장제스는 황제를 꿈꿨지만, 전쟁은 마오쩌둥이 이깁니다. 장제스가 보물을 차지하는 동안 마오쩌둥은 농민의 마음을 얻었거든요. 공산당이 정권을 잡으면 토지를 농민들에게 무상 분배하겠다고 약속하고, 그 말에 농민들이 공산당 편이 됩니다. 백성의 마음을 얻는 사람이 천하의 주인이 되지요. 장제스는 뒤끝 있는 캐릭터였나 봐요. '전쟁은 져도, 보물은 내가 먹는다.' 전세가 불리해 후퇴를 거듭하는 와중에도 보물은 끔찍이도 챙겼고, 결국 타이완까지 배에 싣고 옵니다.

황제의 시대에는 최고의 예술품과 보물은 왕이 독차지했지요. 권력을 가진 소수만이 예술을 즐길 수 있었어요. 하지만 이제는 우리 모두가 문화라는 이름으로 공유하는 시대입니다. 고궁박물관에 소장된 왕실의 보물들 역시 만인에게 공개돼 있습니다. 이곳을 방문하는 여행자는 지위, 빈부, 국적을 불문하고 인류 최고의 예술품을 즐길 수 있지요. 여행 대중화 시대에 살고 있다는 게 참 고맙습니다.

나의 약점을
나만의 경쟁력으로 바꾼다

어머니는 교사로 일하셨어요. 공립학교 교사는 몇 년에 한 번씩 산골이나 낙후된 시골로 가서 순환근무를 했어요. 어머니 따라 시골에 갔을 때, 전기 사정이 좋지 않아 호롱불을 켜고 살았어요. 보통은 심지가 하나인데, 심지가 세 개 있는 호롱불이 나왔어요. 심지가 두 개 더 있으니 더 밝았죠. 무슨 특허인가를 받은 신제품이라 해서 사다 썼는데요. 하루는 어머니가 발을 씻겨주시는데 발바닥을 비누로 문지르니 간지러워 몸을 꼬다 넘어졌어요. 그때 하필 호롱불 위로 넘어지는 바람에 턱에 심한 화상을 입었어요. 지금도 턱에 그 흉터가 있지요.

어릴 때는 그 흉터가 큰 콤플렉스였어요. 얼굴을 검게 태우면 검은 화상 자국이 안 보일까 하는 생각에 얼굴을 많이 태웠어요. 그러다 보니 얼굴이 너무 까매져서 친구들이 드라마 속 인물에 빗대 놀리곤 했어요. 외화 시리즈 〈뿌리〉가 화제일 땐, '쿤타킨테(아프리카에서 미국으로 끌려간 흑인 노예)', 〈머나먼 정글〉을 방송할 땐 '베트콩' 등등 숱한 별명이 있었죠. 어려서는 이국적인 외모 탓에 상처도 받았는데요, 요즘은 여행 다니면서 외모 덕을 볼 때가 많아요.

네팔 카트만두의 관광 명소 중 더르바르 광장이 있습니다. 왕궁의 오래된 건축물과 조각상이 가득한 거리인데요. 왕궁의 높은 계단에서 보이는 일몰의 풍광이 참 좋아 매일 저녁 해 질 무렵마다 그곳에 갔어요. 그 얘기를 한국에서 온 배낭여행족에게 했더니 놀라더군요. "와! 그 입장료 비싼 곳을 매일 가다니, 대단하시네요!" 이번엔 제가 놀랐어요. "거기에 입장료가 있어요?"

더르바르 광장은 외국인과 내국인이 혼재한 공간인데요. 외국인들은 들어갈 때 초소를 지키는 경비원이 붙잡고 관광요금을 받는데요. 저는 그 초소가 여행객의 안전을 위한 경비 초소인 줄 알았어요. 3일 내내 잡는 사람이 없어서 입장료가 있다는 걸 몰랐어요.

사이판 가족 여행을 갔을 땐 이런 일도 있었죠. 스테이크 하우스에 가서 네 식구가 잘 먹고 나오면서 계산서를 받아들었는데 생각보다 적게 나왔더군요. 의아해서 봤더니 주인이 "You are local, right?(당신, 현지인이죠?)" 하더군요. 거주자 할인 혜택을 받은 거죠. 뒤따라 나오던 아내가 황당한 표정을 지었지만, 저는 얼른 "Thank you!(고맙습니다!)" 하고 나왔어요. 아내가 어이없어 했어요. "그렇게 좋아? 원주민 디스카운트 받아서?"

베트남 하노이에 혼자 여행 간 적이 있어요. 현지에서 만난 유럽 여행자들과 할롱 베이 유람선을 타러 갔어요. 선착장에 가면 배가 여러 척 있는데 그중 마음에 드는 배를 탑니다. 배에 한국인은 저밖에 없었는데, 출항하기 직전에 한국인 모자가 배에 올랐어요. 아들이 엄마에게 참 살갑게 잘하더군요. 엄마랑 팔짱도 끼고, 뒤에서 안아주기도 하고, 과일도 까서 입에 넣어주고요. '저런 훌륭한 아들이 다 있네.' 유럽 여행자들과 영어로 수다를 떨다 잠깐 인사를 했어요. "안녕하세요? 반갑습니다."

두 분이 깜짝 놀라시더군요. 유럽 여행자들과 있는 걸 보고 베트남 현지 가이드라고 생각했나 봐요. 나중에 다시 보니 두 분, 분위기가 서먹했어요. 그제야 알았어요. 모자 관계가 아니라 밀월 여행을 온 커플인 거예요. 한국 사람이 없는 배를 골라 탔는데, 하필 동남아 사람처럼 생긴 한국인을 만난 거죠. 저의 이국적인 외모 때문에 너무 당황하셨던 두 분을 생각하면 지금도 조금 미안하네요.

킬리만자로 산자락에 자리한 '모시'라는 마을의 시골 장터에 간 적이 있어요. 관광객은 없고 현지인들만 가득한 전통 시장을 둘러보는데, "헬로, 화이트 피플!" 부르는 겁니다.

오토바이택시 기사가 호객 행위를 하는 거예요. 누구한테 그러나 봤더니 저한테 하는 말이었어요. 저 그때 거짓말 살짝 보태서 눈물

날 뻔했잖아요. 감동했어요. 태어나서 하얗다 소리는 그때 처음 들었거든요. 고교 시절 별명이 많았는데, 그중 하나가 '새시쭈'였어요. 새카맣고 시커멓고 쪼그맣다고요. 고교 시절 몸무게가 50킬로그램이었어요, 키 173에. 빼빼 마른 깜둥이라고 놀리는 친구도 있었어요. 그랬던 제가 탄자니아에 오니 화이트 피플로 불리네요. 엉엉(으하하).

아프리카에 오길 정말 잘했어요. 내 피부가 검은 편이 아니라는 걸 처음 알았어요. 역시 인생은 상대적이라는 거! 그 무엇도 절대적이지 않다는 거!

사춘기 때는 외모 때문에 고민이 많았는데 요즘은 이것으로 먹고삽니다. 20대 시절, 어딜 가든 외모를 비하하는 자학 개그로 사람들을 웃겼어요. 나이 서른에 코미디 PD가 되겠다고 결심한 것도 그런 자신감이 계기가 됐고요. 어려서는 누가 못생겼다고 놀리면 발끈했는데, 스무 살이 넘어 마음을 고쳐먹었어요. 기왕에 못난 외모, 놀려도 내가 놀리자. 자학 개그를 즐기면, 사람들이 이렇게 생각해요. '아, 저 사람은 자존감이 강한가 보다. 자아가 건강한가 보다. 저런 이야기로 웃음을 만드는 걸 보면.'

유머 작가 제임스 서버는 이런 말을 남겼어요. "재담가는 타인을 희화화하고, 풍자가는 사회를 희화화하며 유머 작가는 자신을 희화화한다." 네, 어린 시절 겪은 불행으로 타인에게 웃음을 주는 것, 그게 요즘 삶의 낙입니다.

길을 모를 땐,
일단 직진

아프리카로 혼자 배낭여행을 간다니까 걱정하는 분도 있더군요. 관광 인프라가 부족한 곳이니까요. 킬리만자로가 있는 모시는 한적한 시골 마을이라 높은 건물도 없고 눈에 띄는 이정표도 없습니다. 이런 곳에서 도보 여행을 할 때는 길 찾기가 조금 어렵습니다. 요령이 필요하지요.

호텔 예약 사이트에서 숙소를 찾을 때, 지도를 보고 크고 비싼 호텔 근처에 있는 작고 이름 없는 숙소를 잡습니다. 택시 기사나 주민들이 유명 호텔은 알거든요. 그 호텔 이름을 대고 가자고 한 후, 내려서 근처의 싼 숙소를 찾아갑니다. 숙소 근처를 걷다 큰 호텔이 보이면 간판을 사진으로 찍어둡니다. 시내에서 길을 잃으면 현지인 택시 기사에게 큰 호텔의 사진을 보여줍니다. 기사가 영어를 몰라도 금세 길을 찾습니다. 탄자니아 시골 사람들은 순박하고 착해요. 길을 물어보면 동네 사람들이 다 몰려나와 회의를 합니다. "어디 보자…. 거기네, 거기. 근데 이 무중구(외국인)에게 어떻게 설명해주지?"

낯선 도시에 도착하면 구글 지도를 보고 길들이 가장 복잡하게 얽혀 있는 곳을 찾습니다. 그곳이 시내 중심가니까요. 숙소에서 나와 시내 방향으로 걷습니다. 갈림길이 나오면 무조건 직진합니다. 양 갈래로 나뉜다면 둘 중 더 큰 쪽을 선택합니다. 이때 복잡한 갈림길은 휴대전화로 사진을 찍어둡니다. 그렇게 가다 차가 많이 다니는 대로변을 만나면, 이제 그 길을 따라 옆으로 방향을 틉니다. 점차 한적해지면서 마을 외곽으로 나가게 되죠. 돌아서서 반대편으로 가면 곧 시내 중심가를 만날 수 있어요.

'길을 모를 땐 무조건 직진!'이라는 여행 방법은 예전에 배우 다니엘 헤니에게 배운 겁니다. 10여 년 전, 〈느낌표〉라는 프로그램에서 '아시아! 아시아! 3탄-집으로'라는 코너를 연출했어요. 그때 다니엘 헤니랑 필리핀 출장을 간 적이 있습니다. 한국인 아빠와 필리핀 엄마 사이에서 태어난 아이가 필리핀의 외갓집을 찾아가는 과정을 소개하는 코너인데요. 다니엘 헤니가 첫 회 게스트였어요. 루왁이라는 시골 마을에 갔는데, 아침에 자고 일어났더니 스태프들이 난리가 났어요.

"다니엘 헤니가 사라졌어요!"

한참 후 땀에 젖은 헤니가 나타났어요. 새벽 해 뜰 무렵에 일어나 촬영 시작 전 두 시간 정도 달리다 왔다는 거예요. 매일 두 시간씩 새벽 운동을 하는 게 습관이랍니다.

"처음 온 필리핀 시골 마을에서 길을 잃으면 어쩌려고?"

"숙소 문을 나서서 무조건 직진으로만 달립니다. 그러다 한 시간이 되면 반대로 돌아 다시 한 시간을 달리지요. 그럼 처음 장소로 돌아오게 됩니다."

잘생긴 친구들, 저는 별로 인정해주지 않아요. '타고난 운이지 뭐, 흥칫뿡!' 그런데 다니엘 헤니를 보고 느꼈어요. 잘생긴 건 타고난 복이지만, 몸 좋은 건 치열한 노력의 결과더군요.

외국에서 길 찾을 때 또 하나의 팁을 알려드릴게요. 《론리플래닛》이나 위키피디아에서 그 나라 역사를 읽어두세요. 그 나라의 독립 영웅이나 건국의 아버지로 불리는 사람들 있잖아요. 그들의 이름을 딴 거리가 도시의 중심가일 가능성이 커요. 서울로 치면 세종로(세종대왕), 충무로(충무공 이순신)가 그렇습니다.

탄자니아에는 도시마다 중심가에 '니에레레 로드'가 있어요. 탄자니아의 독립 운동가이자 초대 대통령 줄리어스 니에레레(Julius Nyerere)를 기리는 이름입니다. 니에레레는 스와힐리어를 공용어로 지정하여 부족사회였던 탄자니아를 국가 공동체로 만드는 데 공을 세운 국부예요. 이 나라에선 어딜 가든 그의 이름을 만날 수 있어요.

수도 다르에스살람에는 니에레레 국제공항이 있고, 모시에는 '니에레레 가'라는 도로가 있어요. 그곳에 가면 버스터미널과 은행, 시장 등이 다 모여 있어요.

위인들의 이름을 따서 거리 이름을 만드는 건 미국이나 유럽에서도 아주 흔한 일이에요. 그런 지명을 가리키며 아는 척을 하면 현지인들이 무척 반겨줍니다. 저도 세종대왕을 아는 외국인을 보면 반갑거든요.

물건보다 경험에
돈을 쓰며 산다

잔지바르는 탄자니아 본토에서 25킬로미터 떨어진 섬입니다. 잔지바르의 구시가지인 스톤 타운은 세계문화유산으로 지정된 곳입니다. 옛날에는 계피, 후추 등의 향신료 산지로 유명한 곳이어서 '향신료 섬'으로 불리기도 했어요. 섬을 돌아다녀 보면, 향신료 무역의 중심지였던 시절 잔지바르의 부가 얼마나 어마어마했을지 짐작할 수 있어요.

스톤 타운의 화려한 건축양식에는 특이한 점이 있어요. 문에 뿔처럼 튀어나온 금속으로 장식을 해요. 집집마다 이런 뿔이 달려 있는데, 왜 그럴까요? 옛날 잔지바르의 왕이 인도 여행을 갔답니다. 인도 왕궁의 대문에 이런 뿔이 박혀 있더래요. 보니까 서민의 집에는 장식이 없는데, 왕궁에만 있는 거예요. '아, 이것이 왕이 사는 곳이라

| 잔지바르 대문에 달린 뿔 장식

는 징표인가 보다.' 돌아와서 자신의 궁궐 대문에 쇠로 만든 뿔을 답니다.

귀족들이 그걸 보고 흉내를 냅니다. '인도에서 온 최신 유행이라고 왕만 하란 법 있나, 에헴!' 나중에는 백성들도 따라 합니다. '아, 요즘 좀 있어 보이려면 문에 뿔을 달아야 하나 보다.'

인도 왕궁의 문에는 왜 뿔을 달았을까요? 코끼리 때문입니다. 궁 안에서 맛있는 냄새가 풍기면 근처를 지나가던 코끼리가 머리로 문을 밀고 들어와요. 인도에서는 코끼리를 신성시하는 데다 덩치도 크니 코끼리를 내쫓는 게 여간 성가신 일이 아니에요. 문에 뿔을 달아 놓으면 코끼리가 머리로 문을 밀지 못합니다. 뿔이 머리를 찌르니까요. 인도에서는 이처럼 나름의 이유가 있었어요. 잔지바르에는 코끼리가 없습니다. 그런데도 이곳에 뿔 달린 대문이 유행한 거예요.

유발 하라리의《사피엔스》를 보면, 사치재는 보통재로 바뀌는 게 운명이랍니다. 부자들이 시작하면 곧 일반 서민들도 따라 한다는 거지요. 모든 사람이 하면 더는 차별화 포인트가 아니게 되지요. 그럼 부자들이 또 새로운 사치재를 찾아 나섭니다. 자본주의 사회에선 소수가 강렬하게 원하는 것을 만들면 돈을 벌 수 있어요. 비싼 돈을 주고라도 사고 싶은 상품이 값싸고 실용적인 물건보다 유행을 선도하니까요.

저는 사고 싶은 물건이 있으면 자신에게 물어봅니다. '저것이 나한테 꼭 필요한가?' 일테면 이런 질문인 거예요. '코끼리도 없는데 문에 뿔은 왜 달지?' 저는 돈 쓰는 걸 싫어합니다. 그건 곧, 돈을 벌기 위해 원치 않는 일을 억지로 하는 걸 싫어한다는 뜻이에요. 여행을 다닐 때도 꼭 필요한 소비만 하고요, 과시를 위한 사치재에는 돈을 쓰지 않습니다.

한때 정리 열풍, 버리기 열풍이 일었죠.《부자가 되는 정리의 힘》(윤선현, 위즈덤하우스, 2015)을 보면 정리의 중요성이 나옵니다. 어지럽게 널려진 공간 탓에 집중이 안 되고, 쓸데없는 일에 버리는 시간이 많고, 불필요한 인간관계 때문에 자신에게 집중할 에너지를 낭비한다고요. 공간, 시간, 인간관계, 이 세 가지를 정리하는 '정리의 힘'이 필요하다고 하는데요.

삶의 욕망을 단순화하는 것도 기술입니다. 단순하게 살고 싶어도 일상에서는 쉽지 않지요. 특히 가족이 있을 때 그래요. 공동으로 소유한 물건이나 가구를 함부로 버릴 순 없으니까요. 단순한 삶을 연습하는 가장 좋은 기회가 바로 배낭여행입니다. 여행 다닐 때, 저는 짐을 극도로 가볍게 합니다. 여행에서 중요한 건 소유가 아니라 경험입니다. 사물을 소비하는 게 아니라 경험을 소비하는 삶이죠.

여행 다닐 때 저는 속옷, 셔츠, 양말 각 세 벌씩만 가지고 다닙니다. 하나는 입고, 하나는 빨고, 하나는 말리고. 더운 나라를 여행할 때는 땀을 많이 흘리니 매일 갈아입습니다. 어떨 땐 하루에 두 번도 갈아입어요. 저는 샤워할 때마다 벗은 옷 빨래도 함께 합니다.

배낭여행 중 간단한 빨래 요령이 있어요. 빨래에 비누칠을 한 다음 세면대에 뜨거운 물을 받아 담가놓습니다. 한 시간 후에 비눗기가 빠지도록 몇 번 헹군 다음 다시 깨끗한 물에 담가둡니다. 한 시간 후 잘 짜서 말리면 끝. 방 안에서 밤새 말리면 되는데요, 등산 바지나 스포츠 셔츠가 잘 마릅니다. 기능성 속옷은 가볍고 잘 말라서 여행할 때 애용하는 편이에요. 여행을 하면서 깨닫게 됩니다. '인생에 꼭 필요한 물건은 의외로 적구나.' 물건보다는 경험에 돈을 쓰며 삽니다. 남는 건 추억밖에 없어요. 소유냐 존재냐 둘 중 하나를 선택해야 한다면, 소유를 줄이고 존재를 살찌우는 편이 낫습니다.

남들이 좋다는 것은
다 해본다

영화 〈보헤미안 랩소디〉의 개봉으로 퀸의 열풍이 다시 불기 전의 일입니다. 라디오 PD 후배랑 이야기를 하던 중 제가 잔지바르에 간다니까 "프레디 머큐리의 고향에 가시는군요?" 하더군요. 2017년에는 잔지바르를 아는 사람이 거의 없었는데, 그 후배는 알고 있더군요.

"응? 퀸의 보컬 고향이 잔지바르야?"

"모르셨어요?"

"응. 금시초문인걸."

"그럼 거기를 왜 가시려고요?"

"유럽 배낭족들이 하도 칭송해서 궁금했거든."

여행을 하다 여행을 즐기는 사람을 만나면 물어봅니다. 이제껏 가본 곳 중 어디가 좋았냐고. 그중 낯선 지명이 있으면 휴대전화에

메모해두고, 돌아와서 검색을 해봅니다. 남들이 좋다고 하는 건 다 해보자는 주의입니다. 해봐서 좋은 것은 저도 남들에게 알려줍니다. 영어 공부, 글쓰기, 여행에 대해 책을 쓰는 이유입니다. 다 좋지만, 가장 재미난 게 여행이에요.

　오래전부터 사람들은 미각과 후각을 자극해 음식의 풍미를 더해주는 향신료를 찾아 전 세계를 누볐어요. 탄자니아 잔지바르 섬은 향신료 무역의 중심지로, 아랍 무역상들이 아프리카와 유럽을 오갈 때 중계항이었습니다. 이곳에 왔으니 그 향신료의 매력을 제대로 느껴보고 싶어서 향신료 농장을 돌아보는 일일 투어 프로그램을 알아봤어요. 마침 잔지바르 스파이스 투어가 있더군요.

　온갖 향신료의 열매와 씨앗을 직접 까서 맛도 보고, 냄새도 맡아봅니다. 카레부터 람부탄, 리치, 후추, 계피, 잭프루트, 바닐라콩 등 다양한 식물의 씨앗과 잎을 찾아봅니다. 매일 쌀로 지은 밥을 먹는 아이가 평생 벼를 본 적이 없는 것처럼, 후추니 카레니 식탁에서 익숙하게 접했지만 정작 자연 상태에서 본 적은 없기에 흥미진진한 투어였어요. 주최 측에서 열대 과일을 깎아 나눠주고, 시나몬이나 바닐라를 넣어 포프리도 만들어줍니다. 코코넛 잎으로 팔찌나 목걸이, 머리띠를 만들어 손님에게 씌워주기도 합니다.

　스티븐 존슨이 쓴 《원더랜드》라는 책을 보면 후추의 피페린과 고추의 캡사이신은 식물의 생화학 무기랍니다. 생물 종이 다양한 열대

지방에서 자라는 후추와 고추는 초식 동물로부터 씨앗을 보호하려고, 씨앗을 먹는 순간 입안이 타는 것 같은 통증을 느끼도록 진화했다는 거지요. 과일의 열매는 이와 반대로, 씨앗이 동물의 소화액을 견뎌낼 수 있게 하여 달콤한 과육으로 감싸는 전략을 택했어요. 동물에게 먹힌 다음 그 배설물을 통해 널리 퍼져나가는 거예요. 씨앗은 나무로부터 달아나야 자랄 수 있어요. 나무 아래선 그림자가 져서 햇빛을 받을 수 없으니까요. 바람에 실어 보내기도 하고, 탁 터지면서 멀리 쏘기도 하는데요. 동물에게 먹히는 것 또한 씨앗을 어미의 그늘로부터 멀리 보내기 위한 전략입니다.

옛날 유럽의 귀족들은 후추, 계피, 고추의 톡 쏘는 맛에 매료됐는데요. 특히 후추는 부피나 무게에 비해 값이 비싸 화폐의 역할을 할 정도였어요. 문득 그런 생각이 들어요. '인간은 고통도 즐기는 동물이구나.' 식물이 개발한 생화학 무기도 인간에게는 쾌락의 대상입니다. 자기 보호를 위해 진화한 공포와 두려움이라는 감정도 익스트림 스포츠를 즐기는 인간에게는 쾌락의 도구가 되고요. 사람들이 이렇게 낯선 감각과 자극을 추구하며 살아왔기 때문에 극지와 오지까지 탐험할 수 있었던 거죠. 여행을 즐기는 것도 새로운 환경을 찾아 헤매던 본능에서 기원한 것 아닐까요?

여행은 감각을 확장하는 기회입니다. 잔지바르를 여행하며 시각, 청각, 미각, 촉각 모든 감각에서 새로운 자극을 맛봤어요. 처음 보는 바닷속 산호초 풍광은 시각의 확장, 처음 듣는 열대우림 새들의 지저큄은 청각의 확장, 처음 맛본 두리안의 기름진 풍미는 미각의 확장, 처음 밟아본 인도양 모래의 부드러움은 촉각의 확장, 잔지바르 스파이스 투어는 후각의 확장. 한마디로 감각의 향연이었어요. 아프리카, 낯선 감각의 확장을 경험할 수 있어 좋았습니다.

최선의 선택을 위한
최적의 정지 이론

탄자니아 최고의 관광 상품은 세렝게티 사파리입니다. 사파리는 여행 특성상 혼자서는 갈 수 없어요. 야생동물이 많아 위험하기도 하고, 동물보호구역이라 허가가 필요하거든요. 여행사를 통해 패키지를 예약해야 합니다. 패키지 상품에는 렌트 차량과 운전기사 겸 가이드, 요리사까지 있고 텐트와 식료품이 딸려옵니다.

　가격은 천차만별이에요. 한국에서 인터넷으로 예약하려고 보니 하루 200달러, 5일짜리 상품이 1000달러에서 시작하더군요. 그렇게 예약하고 국제 송금을 한 후 현지에 가보면 사기인 경우도 있다고 해요. 예약금을 날릴 뿐 아니라 여행을 망치게 되지요. 그 때문에 현지에 가서 직접 예약하는 걸 권하더군요. 길거리 호객꾼에게 계약금을 줘도 안 되고 반드시 사무실에 가서 예약을 해야 합니다. 차를 타고 자기네 사무실에 가자고 하는 경우도 있는데, 이럴 때 따라가면 가격 흥정이 쉽지 않아요. 계약을 하지 않으면 '갈 때는 네가 알아서 가라' 식으로 나오거든요. 낯설고 외진 곳에서 헤매는 건 무서우니 결국 울며 겨자 먹기로 비싼 값에 예약을 하게 되지요. 제일 좋은 건, 여행사 사무실이 밀집한 시내에서 직접 발품 팔면서 흥정하는 겁니다.

다녀보니 5일짜리 사파리가 800달러인 곳도 있고, 4일에 700달러라는 곳도 있어요. 나오려고 하면 붙잡지요. "얼마면 되겠니?" 저는 너무 싼 값을 제시하는 곳은 피합니다. 싼 만큼 곤욕을 치를 수 있거든요. 처음부터 합리적인 가격을 제시하는 양심적인 업자를 선호합니다. 일단 세 곳은 들러서 가격을 물어보자, 이것이 저의 흥정 원칙입니다.

연애할 때, 누구나 고민을 하지요. 언제 결혼을 결정할 것인가. 내가 만난 사람 중 가장 좋은 사람과 평생을 함께하고 싶다는 욕심도 있고, 다음 기회를 노리다 좋은 사람을 놓칠 수 있다는 두려움도 있어요. 언제 연애를 멈추고 결혼을 결정해야 할까요? '아는 척하기 좋은 실전 과학 지식'을 알려주는 《궤도의 과학 허세》(궤도, 동아시아, 2018)를 보면 '최적의 정지 이론'이 나옵니다. 어떤 순간에 정지해야 가장 좋은 상황에서 머무를 수 있을지 결정하는 이론인데요. 인생 최고의 사람을 만나 결혼할 수 있는 최적의 확률을 구하는 방법을 이렇게 제시합니다.

사람마다 앞으로 교제할 또는 총 교제했던 이성의 숫자는 모두 다르다. 하지만 만일 앞으로 만날 이성의 숫자를 무한하게 늘린다면 우리는 쉽게 최적의 값을 구할 수 있다. 이 숫자는 바로 1/e이 된다. 이 의미는 앞으로 만날 사람의 전체 숫자 중에서 36.8퍼센트가 지난 뒤에야 최적의 정지를 할 수 있는 근거가 마련된다는 뜻이다. 복잡하게 생각할 필요 없다. 예시로 들었던 평생 10명과 연애를 하게 될 사람의 경우 적어도 3명 정도는 절대 결혼하지 않을 생각으로 만나야 한다(애석하게도). 그리고 3인칭 관찰자 시점으로 냉정하게 각각의 종합점수를 비교해본 뒤 최고점을 받은 이의 점수를 기억해둔다. 이후 그보다 1점이라도 점수가 높은 사람이 나타나는 순간 정착하면 된다. 그러면 매우 높은 확률로 그 사람은 전체 10명 중에서 가장 높은 종합점수를 갖춘 인물일 것이다.

숙소나 투어 상품을 선택할 때 적어도 세 군데 이상 가격을 문의합니다. 세 군데의 평균을 기준으로 가장 좋은 조건을 기억해두고, 그다음 간 곳에서 더 나은 조건이 나오면 바로 선택합니다. 두어 군데 더 봤는데 평균 이하면 처음 장소로 돌아가기도 해요. 네다섯 군데 둘러보고 결정하면 바가지 쓸 일은 없습니다. 흥정에서 가장 중요한 점은 결정하기 전에는 꼼꼼히 비교하고, 돈을 치른 다음에는 굳이 다른 사람의 비용을 물어보지 않는다는 것입니다. 내가 낸 값이 가장 적절한 요금이라 믿고 여행에 집중합니다. 가격 비교는 결제 전까지 하고 결제 후에는 그냥 여행을 즐깁니다. 더 싸게 여행하는 것보다 중요한 건 더 즐겁게 여행하는 것이니까요.

유리한 위치에 있는 사람이
양보할 때 아름답다

탄자니아 여행의 하이라이트라 할 수 있는 세렝게티 사파리는 6인 1조로 팀을 이뤄 가이드 겸 운전기사와 요리사가 같이 다닙니다. 혼자 여행을 다니는 재미 중 하나가 현지에서 그룹 투어에 합류했을 때 다른 나라에서 온 여행자들과 어울릴 수 있다는 것입니다. 3박 4일 동안 함께 다닐 다섯 명의 친구들을 현지 여행사에서 만났어요.

그중 사샤와 월터는 독일과 네덜란드에서 온 20대 청년들인데요. 둘 다 직업이 포커 플레이어랍니다.

"응? 포커를 치는 게 직업이라고?"

"선수로 뛰기도 하고, 강사로 일하기도 해."

"포커를 가르치는 학교도 있다고?"

별난 직업을 가진 친구들을 만났어요. 네덜란드에서 온 월터에게,

1992년 유럽 여행 때 암스테르담에 갔던 이야기를 했어요. 그랬더니 월터가 이러는 거예요.

"헐, 1992년도면 내가 태어난 해인데…."

갑자기 우울해집니다. 내가 어느새 이렇게 나이가 들었구나.

캐나다 토론토에서 온 시에라와 대니도 있어요. 평소 호텔이나 레스토랑에서 웨이트리스로 일하고, 돈을 모아 여행을 다닌대요. 두 달 동안 아프리카를 여행한 다음에는 인도 고야로 날아간답니다. 아, 이런 삶 정말 부럽네요.

혼자 온 리사는 러시아 출신 IT 전문가인데요. 독일에서 일하고 있어요. 모시 호텔에서도 만났고 나중에 잔지바르에서도 만났어요. 같은 숙소에서 우연히 계속 마주치는 여행자는 호텔 예약 시스템에서 검색 조건이 비슷한 겁니다. 가격대나 기차역 인접성 등 각자의 선호가 비슷한 덕에 자주 마주치는 거지요.

첫째 날에는 타랑기르 국립공원에 갔고, 둘째 날에는 응고롱고로에 갔어요. 응고롱고로 분화구는 초대형 화산 분화구로 아프리카 7대 자연경관 중 하나입니다. 분화구 지름만 200킬로미터가 넘는 세계 최대 규모의 칼데라 지형이랍니다. 전망대에 올라보면 멀리 병풍처럼 둘러싼 산이 보이는데, 다 화산 분화구예요. 분화구 가운데에는 호수가 있어요. 아침 일찍 호숫가에 동물이 모여들고 흩어지죠. 그 모습을 보기 위해 새벽 5시에 일어나 출발합니다. 8인승 지프, 어제 앉았던 맨 뒷자리에 탔어요. 사파리는 비포장도로를 달리기에 뒷자리가 많이 불편합니다. 그래도 어쩌겠어요. 첫날 맨 뒤에 탔으니, 여기가 내 자리라고 여겼죠. 그런데 대니가 오더니, 그러는 거예요.

"미키(제 영어 닉네임입니다), 어젠 네가 맨 뒷자리였으니 오늘은 앞줄로 가. 우리가 뒷자리로 옮길게. 하루에 한 줄씩 뒤로 옮기면 공평할 것 같아."

약간 놀랐어요. 첫날 앉은 대로 4일 내내 간다면 저는 매일 뒷자리만 앉게 되지요. 그렇다고 매일 먼저 오는 순으로 자리를 잡으면 아침마다 자리 경쟁을 하느라 신경전을 벌여야 합니다. 여행 기간에 서로 불편할 수 있어요. 그렇다고 맨 뒷자리인 제가 자리를 바꾸자고 나서기엔 좀 민망합니다. 가운데 앉았던 캐나다 친구들이 먼저 뒷자리로 가겠다고 하니 누구도 토를 달지 않았어요. 양보는 이렇게 유리한 위치에 있는 사람이 주도해야 합니다. 불리한 위치에 있는 사람은 말 꺼내기 쉽지 않거든요.

참고 기다리는 것도
실력이다

세렝게티 사파리를 하면 육식동물의 사냥 장면이나 생존 경쟁의 한 장면을 볼 줄 알았는데, 종일 헤매고 다녀도 늘어져 자는 사자들밖에 안 보였어요. 야행성 동물이라 밤에 사냥하기도 하지만, 육식동물 대부분의 일과는 늘어져서 쉬는 거라고 합니다. 사자들이 온종일 쉬는 이유가 무엇일까요? 사자에겐 냉장고가 없기 때문입니다. 한 번 사냥하면 2~3일은 배가 부르기에 그냥 자면서 쉽니다. 배부른데 괜히 사냥해봤자 고기만 상합니다. 냉장고가 있다면 배가 불러도 사냥을 나가겠지요. "여보, 냉장고가 비었어요!" "알았어." 야생에서는 하루 잡아 하루 먹고 삽니다. 영화 〈아저씨〉의 원빈이 사는 방식이죠. '난 오늘 하루만 보고 산다.'

사자는 아무리 배가 고파도 풀을 뜯지 않아요. 사슴이 풀을 먹는

| 지프 그늘에 늘어져 있는 치타 가족

걸 보고 '맛있나 본데? 나도 먹어볼까?' 하고 풀을 먹는다면, 그야말로 사자 풀 뜯어 먹는 소리인 거죠. 사자가 너무 부지런 떨면 세렝게티는 망합니다. 눈에 띄는 대로 다 잡아먹고 사자의 개체 수마저 늘어나면 결국 그 생태계는 망하고 마는 것이지요.

지프 그늘에서 늘어져 자는 치타 가족을 보고 있자니 이런 삶의 자세를 배우고 싶어요. 매일 쫓아다니는 지프들이 얼마나 귀찮겠어요. 그런데 치타들은 별로 신경 쓰지 않아요.

"어라? 저 부릉부릉 시끄러운 놈들이 또 왔네? 저놈은 덩치가 커서 그늘이 많이 지지. 그래, 오늘은 저기서 볕을 피해보자."

치타의 여유에서 배웁니다. '피할 수 없다면 즐겨라.' TV에서 〈동물의 왕국〉을 보면 세렝게티에서는 늘 목숨 건 혈투가 벌어지잖아요? 실제로 와서 사냥 장면을 보기는 쉽지 않아요. 사냥은 주로 밤이나 새벽녘에 이뤄지거든요. 가이드에게 물었어요.

"결국 우리는 사자랑 치타가 자는 모습만 보다 가는 거야?"

"사냥은 그렇게 쉽게 볼 수 있는 게 아닌데" 하면서 난감한 표정을 짓던 가이드가 차를 몰아 다시 초원을 헤매고 다닙니다. 그러던 어느 순간 태어난 지 일주일도 채 안 된 새끼 톰슨가젤이 보여요. 새끼 가젤 저 너머에 치타가 있는데, 가젤 눈에는 치타가 안 보여요. 치타가 가젤을 먼저 발견했는데, 바로 달려들지 않고 한참 동안 가만히 지켜보고 있습니다. 치타의 끈기가 놀라워요. 귀를 쫑긋 세우고 주위를 경계하던 새끼 가젤이 방심하고 등을 보이는 순간, 치타가 달려듭니다. 사냥은 순식간에 끝나요. 톰슨가젤 한 마리를 잡으면 치타는 보통 3일을 아무것도 먹지 않는답니다. 욕심을 부려 몸이 무거워지면 안 되니까요. 날렵하고 가벼운 몸매를 유지하기 위해 단식한다는 치타, 저보다 낫네요.

문득 치타처럼 살고 싶다는 생각을 했습니다. 오랜 기다림을 견디다 기회가 오면 벼락같이 치고 나가는 인생. 그러자면 기다리기를 잘 해야겠다는 생각이 들어요. 참고 기다리는 게 진짜 실력이에요. 몸을 가볍게 하고, 기회를 기다리는 그런 치타가 되고 싶어요.

상대에게 호감을 사는
값비싼 신호

세렝게티 사파리 마지막 날, 응고롱고로의 일출을 보고 마사이족 마을로 향했습니다. 마을 입구에서 마사이 전사들이 환영의 춤을 추며 나옵니다. 손님이 오면, 마사이족 남녀가 모여 춤추고 노래합니다. 일종의 민속 공연이지요. 제자리에서 펄쩍펄쩍 뛰어오르는 마사이족 전사의 춤을 보여줍니다. 실제로 보면 상당히 높이 뜁니다. 춤을 따라 해보라고 시키는데, 제자리에서 높이 뛰는 게 은근히 쉽지 않네요. 남자들이 펄쩍펄쩍 뛰는 동안 여자들은 손을 잡고 둘러서서 노래를 부릅니다. '아하! 이게 짝짓기를 위한 나름의 정보 제공 시간이구나!' 하는 생각이 들더군요.

짝짓기에는 정보가 중요합니다. 마사이족 남녀가 연애를 할 때 가장 중요시하는 정보는 무엇일까요? 남자가 사냥을 나가서 얼마나 잘 달리느냐가 아닐까요? 사슴을 잡으러 뛸 때나 사자를 피해 달아날 때, 달리기는 세렝게티에서 생존의 척도입니다. 그런 달리기 실력을 보자고 초원에서 달리기를 시키거나 사자 콧등 치고 돌아오기 시합을 시킬 수는 없잖아요. 짝짓기 욕심에 너무 멀리 갔다가 영영 못 오는 총각도 있을 테니까요. 사냥감을 많이 잡아 오는 사람이 짝짓기에서 우세한 위치를 점한다고 하면, 사냥이 경쟁으로 바뀌어 효율이 떨어집니다. 사냥에서는 뒤에서 모는 사람, 길목을 막는 사람, 창을 던지는 사람 등 모두의 협업이 중요하거든요.

달리기 시합도 안 되고 사냥 실력으로 겨뤄도 안 되니 결국 게임으로 승부를 합니다. 마사이족의 춤을 춰보니 알겠더군요. 높이 뛰는 일이 쉽지 않고, 오래 추는 것도 만만치 않아요. 결국 남자의 순발력, 근력, 체력을 알아보는 최고의 방법이지요. 이 춤을 오래 잘 추는 남자를 선택해야 행복한 결혼 생활을 하고 건강한 아이도 낳을 수 있다고 생각하지 않을까요?

남자에게 필요한 정보는 여성의 호감도입니다. 자신에게 호감을 보이는 여성을 찾아야 하는데, 일상생활 중에는 여자랑 눈 마주치기도 쉽지 않지요. 여자들이 손을 잡고 무리를 지어 빙 둘러싸고 있고 그 한가운데서 춤을 추고 있다면, 자연스레 여자들과 눈을 마주칠 수 있습니다. 나를 보고 웃어주는 여자를 기억해둬야 합니다. 그래야 짝을 이룰 가능성이 커지니까요. 마사이족 남자의 춤과 여자의 노래는 평화롭고 즐거운 방식으로 짝짓기에 필요한 정보를 수집하는 시간입니다.

물소나 사슴, 표범 등의 암수 구별법을 알려주던 사파리 가이드 힐러리가 그랬어요.

"동물의 세계에서는 예쁜 것이 수컷이고, 못생긴 게 암컷이다."

그 말에 시에라와 대니가 발끈했지만, 동물의 세계에서는 그렇대요. 진화는 자연선택과 성선택을 통해 일어납니다. 육체적 기능을 발달시키는 건 자연선택의 결과로 생존에 유리한 형질입니다. 외모나 미적 특징을 발달시킨 건 성선택의 결과로 번식에 유리한 형질이고요.

수컷 공작의 꼬리나 수컷 사자의 갈기가 그렇듯 성선택에서 더 많은 투자를 하는 건 수컷입니다. 암컷은 임신과 새끼 양육에 더 많이 투자하므로 짝짓기 상대를 까다롭게 고릅니다. 카멜레온 수컷의 화려한 색깔은 외모뿐 아니라 높은 적응도를 자랑합니다. 천적의 눈에 쉽게 띄어 죽을 확률도 높아지지만, 암컷의 선택을 위해 그 정도는 각오하는 거지요. '내가 이렇게 눈에 띄는 외모를 하고도 아직 살아남았어. 이유는? 내가 빠르고 강하기 때문이지. 건강한 자식을 원한다면 나를 선택해야 하지 않겠어?'

《저도 과학은 어렵습니다만》(이정모, 바틀비, 2018)을 보면 이런 글이 나옵니다.

종을 가리지 않고 모든 수컷은 암컷을 꼬시기 위해 이런저런 노력을 한다. 그러나 대부분은 부질없는 짓이다. 지구에 살고 있는 수컷 가운데 죽기 전에 암컷 곁에 한 번이라도 가본 개체는 전체 수컷 가운데 4 퍼센트에 불과하다. 나머지 96퍼센트의 수컷은 평생 짝짓기 한 번 못해보고 생을 마감한다. 여기에 비하면 인간 남성은 정말로 복 받은 존재다.

목숨을 걸고 사랑하는 수컷도 평생 짝짓기 한 번 못하고 죽는데요. 짝짓기만 힘든가요? 야생에서는 생존도 어려워요. 동물은 대개 늙고 병들기 전에 죽습니다. 나이 들어 힘이 없어지는 순간 죽음을 맞습니다. 잡아먹히거나(사냥감의 경우), 굶어 죽거나(사냥꾼의 경우) 둘 중 하나지요. 그런 점에서 잡아먹히거나 굶어 죽지 않고 병사하는 인간은 얼마나 복 받은 존재인가요. 인간으로 태어난 것만으로도 정말 감사한 일이지요.

《연애: 생존기계가 아닌 연애기계로서의 인간》(동녘사이언스, 2009)을 쓴 진화심리학자 제프리 밀러는 '값비싼 신호 가설'을 통해 사치품을 설명합니다. 남자들은 이성에게 다이아몬드나 명품과 같이 부유함을 상징하는 희소성을 지닌 선물을 함으로써 자신을 어필한답니다. 여성은 값비싼 장식을 하는 것으로 자신의 경쟁력을 과시하고요. 기부나 자선 행위도 '나 이렇게 베풀 정도로 여유 있고, 남에게 헌신하는 사람이야!'라는 과시적 소비의 일부라는군요. 한편으로는 긴장이 됩니다. 저처럼 돈 쓰는 걸 극도로 싫어하는 짠돌이는 어떻게 하죠?

다행히 값비싼 신호는 물질에 국한되지 않아요. 재즈, 종교, 문화 예술이 발전한 것도 '값비싼 신호' 덕분입니다. 먹고사는 데 급급한 사람보다 문화와 취미 생활을 누리는 사람이 왠지 더 있어 보이잖아요? 유머 감각이 진화한 이유도 같습니다. 유머를 구사하려면 창의성이 있어야 하고, 언어 감각도 뛰어나야 하고, 무엇보다 두뇌 회전이 빨라야 해요. 농담이 밥을 먹여주지는 않지만, 유머 감각이 뛰어난 사람은 머리가 좋을 확률이 높습니다. 잘 웃기는 사람은 분위기 파악도 잘해서 사회성도 뛰어납니다.

연애 시절, 저는 아내를 만날 때마다 하루 한 번 웃겨주는 걸 목표로 삼았어요. 도올 김용옥 선생의 성대모사를 하기도 하고, 경상도 사투리로 시골 사람 상경기를 들려주기도 했어요. 결혼 초에 아내가 그랬어요. "선배를 만나면 하루에 한 번은 꼭 웃어서 좋았어." 요즘 아내에게 더 큰 웃음을 주는 건 아이들입니다. 분발해야겠어요.

여행을 즐기는 것 역시 값비싼 신호입니다. 여행을 즐기려면 돈, 시간, 정신적 여유, 외국어 사용 능력까지 필요하니까 말이죠.

인기 메뉴는
실패하지 않는다

탄자니아 제1의 도시인 다르에스살람은 우리에게 낯선 도시입니다. '다르에스살람 여행기'를 한글로 검색했더니, 2010년에 쓴 블로그 여행기가 첫 페이지에 뜹니다. 여기 가는 사람이 참 없네요. 그나마 발견한 여행기도 이 도시에서 고생한 이야기뿐입니다. 새벽에 공항 택시 기사에게 사기당한 사람, 호객꾼 따라갔다가 터무니없는 요금으로 바가지 쓴 사람 이야기가 있네요. 이 도시에서는 반나절도 안 보내고 곧바로 페리 타고 잔지바르 섬으로 들어가거나 사파리를 하러 아루샤로 갔다고 해요. 한국인 여행자에게 사기 친 사람들은 고작 몇 달러를 더 벌려고 했던 자신들의 행각이 9년이 지난 지금까지도 괴담처럼 떠돌며 여행자들의 발길을 되돌리게 한다는 걸 모르고 있겠지요.

저도 처음 페리에서 내릴 때는 살짝 긴장되더군요. 여객선터미널을 나오는데 여기저기서 택시 기사가 부르고 숙소 호객꾼이 소매를 끌더군요. 여행 전에 인터넷 예약으로 미리 잡아둔 숙소가 있다고 웃으며 손을 젓습니다. 좌우에 늘어선 사람들이 저를 애타게 부르지만, 저는 은은한 미소를 지으며 그 사이를 통과합니다.

배낭여행을 다니다 보면 기차역이나 터미널에 내리면 고민이 됩니다. 이 많은 호객꾼 중 누가 가장 양심적일까? 예전에는 호객꾼들의 사기 행각을 웃으며 넘겼어요. '삶의 여유가 있는 내가 조금 더 쓰면 그만이지' 하고 생각했지요. 그런데 여행 계획을 짜면서 리뷰를 보던 중 바가지 쓰는 걸 대수롭지 않게 여기는 것이 악순환을 낳는다는 걸 깨달았어요. 바가지를 씌우기 쉽다는 인식이 퍼지면, 그들은 다른 여행자에게 또 바가지를 씌웁니다. 낯선 여행지일수록 나쁜 리뷰는 더 영향력이 커서 그곳에 여행 가는 사람이 줄어들게 돼요. 결국 정직하게 장사하던 이들까지도 피해를 보게 됩니다.

인터넷 덕분에 여행하기는 확실히 더 좋아졌어요. 나쁜 평판은 쉽게 퍼지고 오래가기 때문에 숙소나 식당들이 더는 바가지를 씌우지 않습니다. 함부로 바가지를 씌워 평판이 나빠지는 것보다 인터넷에서 좋은 리뷰를 얻는 편이 장기적으로는 더 이득이라는 걸 알게된 거지요.

잔지바르에서 묵은 아일랜드 타운이라는 호텔이 있어요. 인적이 드문 뒷골목에 있어 찾기 어려운 곳인데도 리뷰가 좋더군요. 가격이 싸지는 않아요. 그래도 직원들이 여느 곳과는 다릅니다. 매니저부터 객실 안내원까지 영어를 잘하고 친절합니다. 직원들의 친절한 소통에 감동한 여행자들이 호의적인 리뷰를 남기고, 그걸 보고 사람들이 가격이 비싼데도 예약을 합니다. 길 찾기가 까다로운 골목에 있지만 굳이 호객꾼의 손을 잡고 따라갈 필요가 없어요. 이제는 휴대전화 GPS 지도를 보고 직접 찾아가면 되니까요.

숙소나 여행 상품을 찾을 때 보통 온라인 리뷰에서 정보를 구합니다. 그런데 요즘엔 상업성 광고 글도 많아서 블로그를 보면 헷갈리기도 하죠. 홍보성 글인지 진짜 여행자가 남긴 글인지 모호하거든요. 장점만 늘어놓는 리뷰는 신뢰가 가지 않아요. 저렇게 좋은 숙소가 이렇게 싼 가격에 나온다는 건 누가 봐도 이상하잖아요. 진짜 여행자가 쓴 리뷰는 단점도 같이 소개합니다. 단점이 없는 숙소는 없어요. 럭셔리하면 숙박비가 비싸든지 싸면 시설이 허술하든지, 모든 게 완벽할 수는 없죠. 다만 자신의 취향을 알고, 내가 감내할 수 있는 단점을 찾는 게 중요합니다. 숙소가 유흥가에 있어 시끄럽다는 지적은 술 마시는 걸 즐기는 이에게는 긍정적인 정보예요. 밤에 멀리 갈 필요 없이 가까운 곳에서 한잔할 수 있다는 뜻이니까요. 대중교통이 없어 찾아가기 힘들다는 이야기는 한적한 곳에서 조용히 쉬고 싶은 사람에게는 솔깃한 이야기가 될 거고요.

저는 좋은 숙소에는 리뷰를 남기고, 실망스러운 숙소에는 굳이 리뷰를 달지 않아요. 부정적 판단은 사람마다 다를 수 있으니까요. 괜히 나쁜 리뷰를 쓰는 것도 에너지 낭비 같아 아예 글을 남기지 않습니다. 그렇기에 저는 리뷰가 많은 숙소부터 찾습니다. 리뷰가 많다는 건 호감도의 표현 아닐까요? 많은 리뷰를 읽으면서 반복되는 메시지가 있는지 찾아봅니다. 가성비나 위치, 친절함, 청결함 등 자주 언급되는 특징 중에서 내게 맞는 숙소를 찾습니다.

어느 곳으로 여행을 가든 현지 음식을 먹어요. 탄자니아에서 우갈리나 차파티 같은 현지 음식을 즐겨 먹는다고 했더니 유럽 여행자들이 놀라더군요. "아프리카 음식은 위생 상태가 안 좋아 위험할 텐데?"

다르에스살람에서는 아루샤의 길거리 식당에서 밥을 먹었습니다. 주인이 자기 집 앞에 식당을 차린 곳이었어요. 주방이 거리에 나와 있어 일하는 모습이 다 보여요. 고급 레스토랑의 주방에서는 무슨 일이 일어나는지 알 수 없지만 길거리 노점상에서는 아줌마가 조리하는 과정이 다 보입니다. 전 이게 오히려 위생적일 거라 믿습니다. 가족 같은 이웃 사람들에게 밥을 차려내는 식당이 호텔 레스토랑보다 비위생적일 리 없어요. 짠돌이만의 궤변이지요. '싼 것은 언제나 옳다!'

현지 음식을 고르는 저만의 노하우가 있어요. 첫 직장에서 영업사원으로 일하던 시절 술꾼 선배에게 배운 건데요. '술집에 갔을 때, 사람이 붐비는 곳에선 생맥주를 시키고 손님이 없는 곳에선 병맥주를 시켜라.' 생맥주는 신선도가 생명인데요. 손님이 없는 집은 맥주의 순환이 느려 김빠진 생맥주가 나올 가능성이 큰 반면, 사람이 붐비는 집은 순환이 빨라서 맥주통도 새것이 계속 들어오죠. 거리 음식을 먹을 때도 요령은 같습니다. 사람이 많은 가게에 가서 현지인들이 가장 많이 먹는 요리를 시킵니다. 제일 잘나가는 요리의 재료가 가장 신선하거든요. 현지 사람들에게 별로 인기가 없는 서양식 메뉴를 시키면 30년 된 재료가 냉동고에서 소환돼 나올 수도 있어요.

예전에 인도 네팔 배낭여행 갔을 땐, 한 달 동안 채식만 했어요. 힌두교도는 소고기를 먹지 않기 때문에 저도 소고기 요리를 시키지 않았어요. 요리사가 먹지 않는 음식은 저도 안 먹습니다. 네팔은 전기 사정이 나빠 정전이 잦은 나라예요. 냉장고가 자주 꺼지기에 고기가 상할 수도 있는데, 힌두교도 요리사는 고기가 상했는지 확인할 길이 없어요. 그곳 사람들이 평생을 먹지 않고도 산다면, 저도 한 달 정도는 버틸 수 있겠지요. 대신 다양한 난과 카레, 달밧에 맛을 들렸어요.

가격은 수요와 공급에 따라 결정됩니다. 현지에서 수요가 많은 메뉴는 공급도 많고, 공급이 많으면 가격 경쟁이 벌어지니 음식값도 쌉니다. 귀한 메뉴는 가격 결정권이 식당 주인에게 있습니다. 그곳에서 가장 흔한 재료로 만들어진 흔한 메뉴가 가장 쌉니다. 노점에서 현지인들과 어깨를 나란히 하고 앉아 음식을 먹는 것도 여행의 재미입니다. 우리도 서양식 레스토랑보다 시장 국밥집에서 만난 외국인이 더 반갑지 않나요?

놀면서 얻은 경험이
삶의 무기가 된다

다르에스살람에 관한 블로그를 검색하다가 한국인 교환학생이 올린 글에서 '이곳에 있는 워터파크는 줄 설 필요가 없다'라는 내용을 봤어요. '아드레날린 정키'인 저는 워터 슬라이드를 좋아합니다. 그런데 여름철 성수기 한국의 워터파크에는 사람이 너무 많아요. 워터 슬라이드 한 번 타려고 한 시간씩 줄을 서야 합니다. 수영복 차림으로 계단에서 한 시간 동안 기다리는 건, 활자 중독자에겐 더없는 고역이지요. 어디서든 줄을 서면 책을 읽는데, 수영장에서는 책을 들고 다닐 수가 없잖아요.

사시사철 사람이 없어 줄을 서지 않는다는 얘기에 쿤두치 워터파크에 갔어요. 어렵게 길을 물어 찾아가 보니 주차장에 차가 한 대도 없어요. 매표소에서 기다릴 필요가 없는 건 좋은데, 심지어 창구 직

| 줄을 설 필요가 없는 쿤두치 워터파크

원도 없어요. '어라? 손님이 없어 문을 닫은 건가?' 10분을 기다리니 직원이 나타나네요. 캐리비안 베이 규모의 워터파크인데 입장료가 3만 탄자니아 실링, 우리 돈으로 1만 5000원에 런치 세트까지 포함돼 있어요.

입장해보니 그 넓은 워터파크에 손님이 단 한 사람도 없습니다. 세상에, 아예 워터 슬라이드 운영을 안 해요. 물이 안 나오는 슬라이드를 그냥 타고 내려갈 수도 없고 황당합니다. SF 영화 속 주인공이 된 듯합니다. 〈나는 전설이다〉의 윌 스미스가 이런 기분 아니었을까요? 인간이 사라진 시대에 혼자 살아남은 기분 말이지요.

직원을 붙잡고 워터 슬라이드를 타려면 어떻게 하느냐고 물었더니, "네가 타고 싶은 슬라이드를 알려주면 스위치를 켜겠다"라고 하더군요. 그다음부터 제가 손으로 가리키면 그곳에 물이 흐릅니다.

"물이여, 흘러라!"

아랍의 왕자가 된 기분입니다. 리조트 하나를 전세 내고 노는 거예요. 스무 명의 직원이 오직 저 한 사람을 위해 일하고 있어요. '레인 댄스'라는 파티 존이 있는데, 이곳에서 현지 청춘들이 물을 뿌리면서 춤을 추고 노는 유튜브 영상을 본 적이 있어요. 저도 춤추는 걸 좋아하거든요. 아프리카 현지인들과 함께 댄스 타임을 즐기려고 왔는데 아무도 없습니다. 아, 간만에 몸 좀 풀까 했더니, 그 영상은 주말 오후에 찍었다는데 지금은 평일 오전이네요. 그렇다고 이렇게 한가할 줄이야!

일이 뜻대로 풀리지 않을 땐 뒤집어 생각해봅니다. 드라마 PD로서 가장 힘든 게 남들 노는 곳에 가서 일하는 것입니다. 특히 놀이공원이나 워터파크 가서 촬영하는 게 제일 힘들어요. 음악 소리가 시끄러워 동시녹음을 하기가 어렵습니다. 곳곳에서 사람들 비명이며 웃음소리가 나는데 조용히 해달라고 협조를 구할 수가 없어요. 돈 내고 들어온 손님들의 흥을 깰 순 없잖아요. 그런데 지금 이곳은 소음도 없고 사람들을 통제할 일이 없네요. 아, 이런 곳에서 드라마 촬영을 하면 얼마나 편하고 좋을까 하는 생각이 듭니다. 생각난 김에 하지요, 뭐. 혼자서 드라마를 찍습니다. 직접 주연이 되어 셀카로 동영상을 찍으면서 드라마 속 뮤직비디오를 연출합니다. 혼자 빙글빙

글 돌며 춤도 춥니다. 한국 워터파크에서 50대 중년 아저씨가 이러고 놀다가는 차를 얻어 타게 되지요. 구급차 아니면 경찰차 말예요. 여기선 괜찮습니다. 왜? 제가 이곳의 유일한 손님이잖아요. 오늘 하루 워터파크를 통째로 빌린 셈이에요.

혼자 워터파크에서 막춤을 추며 셀프 뮤직비디오를 찍었고요. 페이스북에 올렸더니 많은 분이 좋아하시더군요. 페이스북에 글이나 사진만 올렸는데, 동영상을 올려도 된다는 걸 그때 처음 알았어요.

몇 달 후, 오랜 유배 생활에 심신이 피폐해진 탓인지 MBC 사옥에서 "사장은 물러나라"라고 외치기 시작했는데요. 회사에서 경위서를 내라고 하더군요. 해고 같은 징계가 나올 수 있다고 겁을 주면서요. 기왕에 잘린다면 어쩌다 잘렸는지 사람들에게 알려나 놔야겠다고 생각했어요. 그래서 회사에서 하던 1인 시위 장면을 페이스북 라이브로 찍어 올렸지요. 페이스북에 동영상을 올릴 수 있다는 건 탄자니아 여행에서 얻은 경험이고, 그 경험이 싸움의 무기가 됐어요. 역시 여행은 남는 장사입니다. 놀다가 얻은 경험이 생각지도 못한 곳에서 빛을 발하거든요.

| 셀프 뮤직비디오

나에게 여행은
최고의 동기이자 보상이다

다르에스살람 공항에서 인천행 비행기를 기다리고 있었어요. 한 백인 남자가 공항 라운지에서 노트북으로 작업을 하다가, 전화벨이 울리니 유창한 베이징어로 통화하더군요. '중국어 잘하는 서양인이 아프리카에는 무슨 일이지?' 외국어를 잘하는 사람을 보면 항상 물어봅니다. 비결이 뭐냐고.

그가 준 명함을 보니, 프랑스 이름이에요. 고향이 캐나다 퀘벡이랍니다. 고향 친구들은 다 프랑스어만 하는데, 영어를 배우면 세계 어디서든 살 수 있을 거란 생각에 어려서부터 영어를 열심히 공부했답니다. 그는 스무 살이던 15년 전 중국으로 갔대요. 영어를 제2 외국어로 배웠으니, 가르치기도 잘 가르치겠지요. 그런데 고교 졸업장만 갖고는 중국 대도시에서 영어 강사 자리를 구하기가 쉽지 않아, 서양인이 잘 가지 않는 본토 내륙 시골 마을로 갔대요. 워낙 시골이라 영어를 하는 사람이 없어 어쩔 수 없이 본인이 중국어를 배웠대요.

중국 여자를 만나 결혼해서 아이를 낳고 천진에서 살았는데, 황사가 너무 심해 아이를 키우기 힘들더래요. 공기 맑은 곳을 찾다가 탄자니아 아루샤까지 이민을 오게 됐다고 해요. 킬리만자로 아래에 있는 아루샤는 고지대라 1년 내내 기후가 서늘하고 쾌적하거든요. 사파리 여행의 출발지라 유럽에서 오는 관광객을 대상으로 사업도 할수 있고요. 아루샤에서는 사파리 여행사를 운영하면서 아프리카에투자하는 중국 기업의 현지 사무소 역할도 한대요. 지금은 싱가포르로 출장 가는 길이랍니다. 싱가포르 투자청과 회의하려고요.

요약하면, 프랑스어가 모국어인 캐나다인이 중국에서 영어 교사로 살다 아프리카에 온 거예요. 15년 전에는 미래의 기회가 중국에있을 것으로 생각해 스무 살 나이에 혼자 중국으로 떠났는데, 앞으로의 기회는 아프리카에 있을 것 같다는 생각에 탄자니아로 이주했대요. 지금은 어린 아들에게 스와힐리어를 가르치는 중이랍니다. 이친구, 정말 큰 그림을 그리며 사는군요. 이렇게 큰 그림을 그릴 수 있는 이유는 다양한 나라를 다니며 견문을 넓힌 덕분이겠지요.

'100세 시대, 퇴직 후 무엇을 하며 살 것인가?' 이런 고민들 많이하시지요. 저는 한국보다 물가가 싼 나라에 가서 장기 여행을 하며살고 싶어요. 한 곳에서 3개월씩 길게 사는 거지요. 영어·중국어·

일본어·프랑스어·스페인어 5개 국어를 공부해서 가는 곳 어디서든 친구를 사귀는 것, 그게 제가 꿈꾸는 노후입니다. 공항에서 우연히 만난 친구 덕에 외국어 공부에 대한 동기를 부여받습니다. 이래서 여행이 좋아요. 세상을 보는 시각을 넓혀주거든요. 영어 공부도 그렇습니다. 이야기를 나눌 수 있는 사람의 숫자가 확 늘어나지요. 영어만 공부해도 소통의 대상은 수십억 명으로 늘어나고, 전 세계를 무대로 활약할 수 있어요.

저의 취미는 자기계발입니다. 자투리 시간을 활용하여 책을 읽고, 외국어를 공부하고, 새로운 직업에 도전합니다. 직장생활을 하면서 작가로 전업하려고 준비했는데, 쉽지는 않았어요. 책을 쓰다 힘들면 저 자신에게 당근과 채찍을 내밉니다.《노후파산》,《2020 하류노인이 온다》,《은퇴절벽》등의 책이 제게는 채찍이에요. 책을 통해 노후 대비의 필요성을 절감합니다. 즐거운 노후 생활을 위해서는 정년퇴직 후에도 일을 계속해야 할 것 같아요. 어떤 일을 할까 고민하다 작가와 강사를 선택했습니다. 집필과 강연은 자본금 없이 도전할 수 있는 직업이니까요. 글쓰기와 말하기 실력을 키우기 위해 2016년 한 해 동안 250권의 책을 읽으며 매일 원고를 썼습니다. 그 결과물이 《영어책 한 권 외워봤니?》고요.

직장생활을 하면서 새벽에 일어나 글을 쓰는 건 쉽지 않아요. '난 왜 이렇게 인생을 피곤하게 살까?' 하는 생각이 들면 코앞에 당근을

흔듭니다. 이번에도 책이에요. 한 해 동안《내가 만난 아프리카》,《서른 살의 아프리카》,《나쿠펜다 AFRICA》등 아프리카 여행기를 읽었어요. '힘들어도 조금만 참아. 원고 다 쓰면 아프리카 여행 보내줄게' 하면서 자신을 회유합니다. 여행은 자기계발에서 최고의 동기이자 보상입니다.

책을 쓰고, 그 인세로 여행을 다녀오고, 그 여행에서 다시 새로운 책의 영감을 얻는 것 그게 제가 꿈꾸는 노후의 선순환입니다.

장거리 비행 시
시차 극복하는 방법

예능국 조연출로 일하던 시절 정말 힘들었어요. 조연출의 일상은 긴장의 연속이에요. 편집이나 자막에서 자칫 실수를 하면 수백만 명이 그걸 봅니다. 그런 일을 안 겪으려고 연일 편집실에서 밤을 새웠어요. 더 멋진 화면에서 스틸을 잡고, 더 세련된 자막을 쓰기 위해 기를 쓰고 노력했지요. 새벽 2~3시면 편집실 옆 복도가 조금 시끌시끌해집니다. 조연출들이 잠을 쫓느라 하나둘 나와서 커피를 마시거든요.

"우리는 언제 좀 쉬어보나…."

그때 누가 그런 얘기를 했어요.

"괜찮아, 암만 바빠도 20년만 버티면 돼."

"무슨 소리야?"

"우리 부장님, 얼마 전에 20년 차 휴가 갔거든? 20년 차 휴가는 20일이 나오는데, 누구나 갈 수 있대. 그러니까 우리도 앞으로 음⋯, 17년만 견디면 돼."

MBC 입사 20년이 되면 근속 기념 자기 주도 연수를 떠납니다. 남은 회사생활을 위한 재충전의 기회예요. 저는 아프리카에 가본 적이 없어서 탄자니아를 선택했습니다. 세렝게티 사파리에, 킬리만자로 트레킹에, 잔지바르 휴양지가 있어 많은 사람이 추천하는 여행지입니다. 카타르 도하를 거쳐 탄자니아 킬리만자로 공항까지 가는 데 스무 시간 정도가 걸렸습니다. 이처럼 장거리 비행을 할 때 시차를 극복하는 저만의 노하우가 있어요.

1 기내식은 최소한으로 줄입니다

밤 12시에 비행기를 타면 타자마자 식사가 나옵니다. 우리 시각으로 새벽 2시에 먹는 셈인데요, 저는 이때 그냥 잡니다. 장거리 운항일 때는 다섯 시간마다 규칙적으로 식사가 나오는데, 이걸 다 먹으면 몸의 리듬이 깨집니다. 좁은 기내에 갇혀 있기에 몸을 움직이지 못하니 소화시키기가 쉽지 않습니다. 기내에서는 약간 허기진 상태를 유지하는 게 컨디션 조절에 좋습니다. 과일이나 요구르트 같은 간식만 간단하게 먹습니다.

2 기내에서 알코올 섭취는 삼갑니다

승무원이 와인을 권하면, '이게 다 비싼 항공권에 포함된 서비스인데!' 하는 생각에 주는 대로 받아 마시지요. 그러면 뉴스에 나올 수도 있습니다. '만취 승객 기내 난동' 같은 자막을 달고요. 기압의 영향으로 기내에서는 평소 주량보다 더 빨리 더 심하게 취하고, 도착해서도 숙취로 오래 고생합니다. 시차 극복 자체도 힘든데 심지어 음주 상태면 더 괴롭습니다. 기내에서는 술을 마시지 않는 편을 권합니다.

③ 비행기에서 내리면 그 나라 기준으로 밤까지 버팁니다

도착하면 우리 시각으로 밤이어서 피곤하더라도 그 나라 시각으로 밤이 될 때까지는 버티는 편이 좋습니다. 정 피곤하면 잠깐 눈만 붙이고요. 오후 6시가 되면 호텔 근처의 좋은 식당을 찾아가 맛있는 음식을 푸짐하게 먹습니다. 그 후 숙소로 돌아가 밤 9시에 맞춰 잠을 청하면 다음 날 아침에 깹니다. 현지 시각으로 낮에 자면 밤에 말똥말똥합니다. 또 밤인데 잠이 안 온다고 영화를 보거나 인터넷 서핑을 하며 시간을 보내면 다음 날 낮에 고생합니다.

도착한 날, 그곳 시각으로 밤이 되면 '타이레놀 PM'을 먹고 잠을 청합니다. 타이레놀 PM은 두통약에 수면 보조제 처방이 들어갑니다. 두 알 먹으면 장거리 비행으로 지끈거리던 두통도 사라지고 숙면을 취할 수 있습니다. 국내에서는 시판이 되지 않는데요. 만화 <쑈피알>의 스토리를 쓰기도 하는 의사 선생님인 김응수 님께서는 장기 여행 시 타이레놀과 항히스타민제를 따로 준비해도 좋다고 하시네요. 두통만 있을 경우엔 타이레놀, 숙면이 필요하거나 두드러기·비염 증상이 있을 때는 항히스타민제만 먹으면 되거든요.

3장

다름을 인정하면
모든 게 즐거워진다

재미를 추구했더니
따라오는 것들

책을 쓰면서 2011년 블로그에 올린 인도 네팔 여행기부터 많은 원고를 모으고 정리했어요. 오래전에 쓴 여행기를 새로운 원고로 다듬는 과정에서 재미난 점을 발견했어요. 제가 행복이라는 단어를 재미로 바꾸고 있더군요. 이를테면 '여행의 행복은 어디에서 올까요?'라고 쓴 글은 '여행의 재미는 어디에서 올까요?'라는 식으로요.

행복이라는 단어는 너무 무거워요. '유배 시절 국외로 도피했던 여행이 과연 행복하기만 했을까?' 하는 생각도 들어요. 그렇지만 어떤 여행이든 재미있는 순간은 분명히 있거든요. 그걸 중점적으로 들여다봅니다. 인생의 의미나 행복 같은 무거운 주제에 눌리기보다 순간의 재미에 집착합니다. '나는 행복한가?'라고 묻기보다 '이건 재미있는가?'라고 물어요. 행복이란 관념은 너무나 크고 막연해요. 하지만 재미는 그 순간 판단할 수 있어요. 행복에 집착하면 그만큼 불행이 잘 보이더라고요. 대신 '지금 이 순간, 내가 하는 일이 재미있는가?'를 물었을 때 재미없다는 답이 나온다면, 재미있기 위해 뭘 해야 할까를 생각하게 됩니다.

《재미의 본질》(경성대학교출판부, 2018)이라는 책을 쓴 김선진 교수는 〈세상을 바꾸는 시간, 15분〉 강연에서 우리가 흔히 말하는 행복의 세 가지 기준이 '안정된 삶, 행복한 가정, 일에서의 성공'이라고 말합니다. 행복하기가 어려운 것은 셋 다 동시에 이루기가 쉽지 않기 때문입니다. 예를 들어 행복한 가정과 일에서의 성공은 어딘가 대립되고 공존하기 힘든 가치 같잖아요? 세 가지 행복의 조건을 따지지 말고 그냥 재미난 삶을 추구하면 셋 다 이루기 쉬워집니다. 재미있게 살면 생활이 안정되고, 가족이 행복해지고, 일에서도 성공할 수 있어요. 김선진 교수는 '재미란 새로운 경험으로 인한 긍정적 정서 변화'라고 말합니다. 여행 역시 새로운 경험으로 인한 긍정적 정서 변화입니다. 김선진 교수는 재미의 3대 요소를 'FUN'이라는 약자로 설명해요.

첫째, F는 Free입니다. 자유로운 선택을 의미해요. 본인이 하고 싶은 것을 선택해야 재미있지요.
둘째, U는 Unfamiliar예요. 익숙하지 않은 일에 도전할 때 재미가 생겨요. 늘 하던 일만 반복하는 건 재미없잖아요?

셋째, N은 Network예요. 다른 사람과 새로운 인연을 맺는 것도 재미입니다.

여행자는 보고 싶은 것을 보고, 먹고 싶은 것을 먹고, 자고 싶은 곳에서 잡니다. 여행은 자유로운 선택으로 가득하지요. 익숙하지 않은 풍경, 언어, 사람, 음식을 만나는 새로운 경험이고요. 여행지에서 만난 새로운 인연과 경험은 내 삶의 외연을 확장합니다.

또 김선진 교수는 재미있는 삶을 위해 다섯 가지 활동을 시도하라고 조언합니다.

첫째, 가지기: 수집입니다. 가장 수준이 낮은 재미로, 돈이 듭니다.

둘째, 키우기: 반려동물 보살피기나 육아의 재미가 여기에서 나옵니다. 공감 능력이 있는 사람만 시도하라고 하시네요.

셋째, 배우기: 모르거나 궁금한 것에 대해 공부하는 겁니다. 그림이나 음악처럼 예술과 관련 있는 활동을 하면서 배우는 것이 재미있어요.

넷째, 만들기: 사람에게는 누구나 창조의 본능이 있어요. 종이접기나 캘리그라피가 재미있는 이유죠.

다섯째, 만나기: 나와 생각이나 성별, 직업, 국적이 다른 사람을 자꾸 만나야 합니다.

이 다섯 가지 활동을 동시에 할 수 있는 가장 좋은 기회가 가족 여행입니다. 아내의 취미는 냉장고 자석 모으기예요. 여행을 가면 그

151

나라의 상징물로 만들어진 다양한 자석 중 하나를 고르는 즐거운 고민에 빠집니다. 큰딸 민지는 라오스나 네팔 거리에서 만나는 순한 강아지들에게 먹이를 나눠주는 걸 좋아합니다. 개를 키우고 싶지만, 사정이 여의치 않으니 여행지에서 만나는 개들을 친구 삼는 거죠.

둘째 딸 민서랑 일본 오사카에 여행 갔을 때 음식 모형 만들기 워크숍에 참석했어요. 아기자기하고 예쁜 컵케이크 모형을 만들었죠. 만들기와 배우기를 함께하는 태국 요리 강습도 즐겁습니다. 가족 여행에서는 부쩍 자란 아이들의 모습을 만날 수도 있고요. 내가 모르는 아이의 색다른 면을 만날 수도 있어요. 가지기, 키우기, 배우기, 만들기, 만나기. 이 다섯 가지 활동으로 가족 여행의 재미는 더욱 커집니다. 재미있는 여행 덕분에 가족의 행복도 더욱 커지고요.

그 어떤 괴로움도
즐거움으로 바꾸는 비결

2014년 추석을 앞두고 아버지랑 점심을 먹다 여쭤봤어요.

"아버지, 올 추석에는 어디 가시고 싶으세요? 할아버지 산소에 가자고 하시면 영동으로 모시고, 고모 산소에 가고 싶다 하시면 속초로 모실게요."

아버지께서 이러시네요.

"난 괌이나 사이판에 가고 싶은데?"

인터넷 여행 쇼핑몰에 가서 여행 상품을 뒤졌습니다. 보라카이 패키지 상품이 싸게 나왔기에 얼른 구매했어요. 아내와 함께 여행 갈 땐 생각도 못 할 일이지요. 싼 패키지 샀다가 현지 가서 숙소가 '후지거나' 일정이 부실하면 여행 기간 내내 잔소리를 들어야 하거든요. 돈 쓰고 욕먹기 딱 좋아요. 아버지랑 여행 갈 때는 그런 걱정이 없습니다. 제 짠돌이 기질이 어디에서 왔겠어요. 다 아버지에게 물려받은 겁니다. 숙소 타박하실 분이 아니에요. 저렴한 가격에 패키지를 구매해서 필리핀 보라카이로 떠났습니다.

연로하신 아버지를 모시고 커플들 많은 패키지 팀에 합류했더니 난처할 때가 가끔 있었어요. 커플들을 볼 때마다 물어보시는 거예요.

"그래서 결혼은 언제 했수? 아이는 언제 가질 거야?"

아버지 손을 잡아끌고 방으로 왔어요.

"아버지, 그런 거 자꾸 물어보지 마세요, 실례예요."

"그게 왜?"

"저 사람들 부부 아니에요."

아버지 눈이 휘둥그레졌습니다.

"신혼부부 아니야? 그럼 밤에 잘 때 방은 어떻게 해?"

"아이고, 아버지, 쫌!"

보수적인 경상도 노인인 아버지에게는 이해가 안 되는 상황이었지요. 나이 차가 좀 나 보이는 커플도 있었어요. 여자 과장과 남자 신입사원이 연애를 하게 된 거지요. "과장님, 과장님!" 하며 다니는 게 보기 좋았어요. 평소엔 비밀 연애를 하면서 주위 눈치 살피느라 힘들었겠지만, 연휴 동안 휴양지에 와서 둘만의 달콤한 시간을 보낼 수 있으니 얼마나 좋겠어요. 그런 커플들에게 아버지의 질문은 무척 난감했겠지요.

아버지는 초저녁에 잠자리에 드시는데요. 주무신 걸 확인하고 밤에 슬쩍 빠져나가 혼자 놀러 다녔어요. 한밤중에 바닷가를 거닐기도 하고, 카페에서 라이브 연주를 하는 밴드를 만나면 밤늦도록 해변에서 춤을 췄어요. 아이들과 왔다면 꿈도 못 꿀 일이지요. 은근히 즐거웠어요. 아버지도 여행 내내 만족스러워하셨어요. 아들이 옆에 딱 붙어서 통역해드리지, 가이드해드리지, 짐도 들어드리지 오죽 편하실까요. 같이 간 커플들이 우리를 신기하게 봤어요. 모녀가 같이 여행 다니는 건 봤어도 부자가 다니는 건 처음 본다고요.

제 나이 이제 쉰이 넘었어요. 생각해보면 사춘기 시절, 제가 가장 싫어했던 아버지가 딱 지금 제 나이입니다. 어려서는 아버지 욕심 때문에 힘든 적이 많았는데요. 부모가 되니 그 욕심을 조금 이해할 수 있게 됐어요. 딸들이랑 여행 다니다 문득 죄책감이 들었어요. 정작 내게 더 많은 사랑을 준 건 아버지였는데, 그런 분을 원망하며 산 세월이 너무 길었어요. 아버지가 벌써 팔순을 바라보시는데 제대로 화해도 못 하고 가버리시면 후회스러울 것 같아요. 그래서 같이 여행을 다니기로 했어요. 낯간지럽게 화해하고 그러는 것보다 1년에 한 번씩 여행을 다니며 아버지와의 즐거운 추억을 만드는 거지요. 제가 가장 좋아하는 여행을 통해 속죄하는 겁니다.

그렇다고 마냥 좋기만 할까요. 연세가 연세인지라 청력이 많이 떨어졌는데, 보청기 끼는 걸 그렇게 싫어하십니다. 여행 갈 때도 보청기를 두고 오셨어요. 결국 저만 불효막심한 아들이 됩니다. 저는 짐을 가지고 입국 수속을 하는 길고 긴 줄에 서 있었어요. 아버지는 저 멀리 벤치에 앉아 기다리시고요. 우리 차례가 돼도 안 오시면 줄을 이탈할 수는 없어 멀리서 부릅니다. "아버지!" 못 들어요, 보청기가 없으니. 결국 소리를 지릅니다. "아버지! 이쪽으로 오시라니까요!" 공항에서 늙은 아버지 구박하는 못된 아들이 되는 거죠.

나이 들면 저도 장성한 딸들이랑 여행을 다니고 싶은데요. 그때를 위해 책에 이 이야기를 꼭 남겨두려고 해요. 늙으면 다른 사람의 이야기를 귀담아듣지 않아요. 평생을 살면서 굳어진 자신의 믿음대로 그냥 삽니다. 식당에서 팁을 두고 나오면, 돈을 왜 그렇게 낭비하냐고 해요. 여기 문화니까 존중해야 한다고 설명을 해도 팁을 다시 집어 들고 나오십니다. 결국 아버지를 모시고 다니는 곳은 맥도날드나 편의점이에요. 팁을 내지 않아도 민망하지 않을 곳으로.

'난 노인 되면 저러지 말아야지. 남 말도 귀담아들어야지.'

'보청기는 꼭 챙기고 다녀야지. 나는 불편해도 딸들 편하게 해줘야지.'

그러니까 아버지를 모시며 남기는 여행기는 20년 후의 저에게 보내는 편지입니다.

추석에 아들과 아버지가 단둘이 떠나는 여행, 무척 만족스러웠어요. 모두를 위한 윈-윈 전략이에요. 경상도에서 평생 교사로 일하신 아버지는 보수적인 데다 권위적입니다. 제 아내는 독립적이고 진취

적이에요. 조선 시대 시아버지와 현대의 일하는 며느리, 둘이 잘 안 맞아요. 가운데서 저만 죽어나요. 아버지 성격이 유난하셔서 아내가 많이 힘들어해요. 명절을 쇠고 돌아오면 싸우기 일쑤예요. 그래서 명절마다 아버지를 모시고 여행을 다닙니다. 아내는 딸들을 데리고 친정에 가서 연휴 내내 쉬다 올 수 있어 좋습니다. 이게 명절을 평화롭게 보내는 나름의 해법입니다.

매년 추석마다 아버지를 모시고 여행을 다니는 저를 보고 효자라고 하는 분도 있는데요. 괴로움이 커서 그래요. 회사에서도, 집에서도. 회사에서는 일을 시키지 않고 집에서는 고부 갈등이 심하니까 이런 해법을 찾아낸 겁니다. 괴로움이 닥치면 그 괴로움을 즐거움으로 바꾸는 방법을 찾습니다. 제게는 그게 여행이에요.

아버지 모습에서
미래의 나를 만나는 순간

2015년 5월 8일 어버이날에 아버지를 모시고 점심 먹는 자리에서 여쭤봤어요.

"아버지, 올 추석에는 어디로 가고 싶으세요?"

"내 평생소원이 뉴욕에서 한 달만 살아보는 거다."

다음 날 뉴욕으로 가는 항공권을 예약했어요. 호텔보다는 현지인 가정에서 하숙을 하고 싶다는 말씀에 에어비앤비 사이트를 뒤져 장기 투숙할 민박집도 찾았고요. 아버지를 모시고 뉴욕 여행을 다녀온 후 가장 먼저 한 일은 아내를 안고 등을 토닥여준 일입니다.

"그동안 나랑 살면서 얼마나 힘들었어?"

저는 짠돌이입니다. 술, 담배, 커피, 골프 일절 안 합니다. 돈이 드니까요. 아버지 모시고 여행하면서 깨달았어요. '나의 짠돌이 근성

은 근검절약이라는 고귀한 뜻에서 나온 게 아니라 그냥 아버지한테서 물려받은 습성이구나.'

뉴욕 여행 첫날, 점심을 뭐로 할까 고민하다 75세 노인이신 아버지의 입맛을 배려해서 코리아타운의 한인 식당을 찾았습니다. 1인당 15달러 정도 하는 불고기 정식을 시켰는데, 뉴욕 물가를 고려하면 가격 대비 만족도가 꽤 높았어요. 양도 많고 채소도 많이 주고, 무엇보다 서빙하는 한국 유학생들이 친절했습니다. 타지에서 불고기 불판 나르느라 고생하는 유학생들 보니 그냥 나올 수 없더라고요. 테이블에 팁을 5달러 정도 두고 나왔습니다. 미국은 팁을 주는 게 문화니까요. 음식값이 30달러니까 팁은 15퍼센트 해서 5달러로 계산한 거지요. 그런데 아버지가 그걸 보고 기겁하시더군요.

"뭔 팁을 저렇게 많이 주냐. 5달러면 한국에서 밥이 한 낀데."

"아버지, 미국에서는 팁을 주는 게 기본이에요."

"맥도날드에서도 팁을 주냐?"

"맥도날드는 팁이 없지요."

"그럼 다음부터는 맥도날드로 가자."

그날 이후 미국 여행하는 3주 동안 매 끼니를 맥도날드에서 때웠어요. 나중에는 맥도날드가 질려서 온갖 햄버거 체인을 섭렵했습니다. 잭 인 더 박스, 칼스 주니어, 인 앤 아웃 버거 등. 뉴욕 햄버거집 탐방기라도 쓸 기세였어요.

뉴욕은 전 세계에서 온 이민자의 도시예요. 세계 각국의 다양한 요리를 만날 수 있는 곳이거든요. 《론리플래닛: 뉴욕》 책자를 뒤져서 가격 대비 만족도가 높은 중저가 식당들을 메모해뒀는데요. 한 군데도 못 갔어요. 식당 말만 꺼내도 아버지가 손사래를 치시니….

하루는 이런 일도 있었어요. 브루클린 산책로를 따라 걸어가는데 아버지가 물으셨어요.

"어디 가는 거니?"

"조금만 더 가면, 시에서 운영하는 페리가 나와요. 거버너스 아일랜드라고 저 앞에 있는 섬으로 가는."

"얼마냐?"

이 대목에서 어깨 펴고 자신 있게 말씀드렸어요.

"겨우 2달러예요."

뉴욕에서 배를 타고 바다로 나가 맨해튼 고층 빌딩의 스카이라인을 감상하는데 2달러면 거저지요.

"왜 그렇게 비싸냐?"

"네? 아버지, 2달러면 겨우 2000원 조금 넘는 돈이에요."

"그거 타고 뭘 보냐."

"맨해튼섬 풍경이요."

"풍경은 여기서 걸어 다니며 봐도 충분한데 뭘 배까지 타고 가서 보냐. 됐다."

결국 그 배는 타지 못했습니다. 뉴욕에서 3주간 있으면 뭐하나요? 메트로폴리탄미술관이니, 자연사박물관이니, 프릭컬렉션이니 하나도 못 봤는데. 그냥 센트럴파크에서 산책하거나, 하이라인을 걷거나, 타임스 스퀘어에 앉아서 오가는 사람들 하염없이 바라보거나 공짜 구경만 했어요.

　　2014년 추석에 아버지를 모시고 보라카이 놀러 갔을 때는 이런 문제가 없었어요. 패키지니까요. 미리 요금을 다 냈으니 굳이 추가로 돈을 쓸 이유가 없고 흥정할 필요도 없었거든요. 휴양지에서는 해변을 산책하고 빈둥거리면 되었죠. 하지만 뉴욕에 와서 재미난 거 보고 맛난 거 먹으려면 돈이 듭니다. 돈을 안 쓰면 할 게 없어요. 먹고 싶은 거 못 먹고, 보고 싶은 거 못 보고, 타고 싶은 거 못 타니까 미치겠더군요. 동남아 물가랑 미국 물가의 차이를 생각했어야 하는데 말이죠.

　　다른 사람이랑 여행을 왔다가 취향이 안 맞으면 아침에 헤어져서 각자 보고 싶은 거 보고 저녁에 숙소에서 다시 만나면 되는데, 75세 노인을 모시고 뉴욕에 오니 그게 안 되더군요. 24시간 붙어 다녀야 하니까요. 차라리 자유 여행보다 패키지가 낫겠다는 생각이 들어요. 특히 근검절약이 몸에 밴 어른들은 선불로 치르고 마음껏 즐기시라고 하는 게 나은 듯해요. 돈을 낼 때마다 잔소리가 나오니 듣는 사람이나 하는 사람이나 서로 스트레스를 받거든요.

마지막 날에는 딸들 선물 사려고 기념품 가게에 들렀어요. 물건을 고르고 있는데 아버지의 모습이 안 보여요. 가게 앞에서 쉬시나? 나가봐도 아버지 모습이 보이지 않아요. 해외 나가면 휴대전화 요금 비싸다고 전화기도 두고 오셨는데, 갑자기 사라지신 거예요. 영어도 안 되는 노인이 번잡한 맨해튼 중심가에서 길을 잃은 건가? 놀려서 가게를 샅샅이 뒤지고 거리를 뒤졌지만 찾을 수가 없었어요. 한참을 헤매고 난리를 치는데 길 건너편에서 쓱 나타나시더군요. 너무 놀라 진이 다 빠졌어요. 결국 아이들 선물은 사지 못하고 그냥 숙소로 돌아왔습니다.

아버지는 왜 말없이 사라지셨을까, 순간 깨달았어요. '아, 이게 내 모습이구나.' 제가 그러거든요. 집사람이랑 백화점 가서 구경하다가, 어느 순간 가격표를 보면 오만 정이 떨어집니다. 그러면 말없이 휙 나와서 화장실 앞 휴게 공간 같은 곳에 가서 휴대전화를 보면서 마음을 가라앉힙니다. 그러고는 아내를 향해 빨리 집에 가자고 눈치를 주지요. 집사람은 느긋이 같이 쇼핑하러 다니며 내 옷도 고르고, 자기 옷도 한번 봐주고 그러길 바라는데, 턱도 없는 일입니다. 가격표만 봐도 협심증이 오는걸요. 그래서 말없이 휙 사라집니다. 쇼핑에 대한 격한 항의의 표현이지요.

아버지를 모시고 3주간 여행하면서 느꼈어요. 집사람이 저랑 살면서 얼마나 힘들었을지. 저 때문에 못 하고 사는 게 얼마나 많을지.

동시에 좌절을 느꼈어요. 나도 늙으면 아버지처럼 될 텐데, 그럼 우리 애들은 나랑 다니는 게 얼마나 힘들까? 이걸 꼭 책에 써두고 틈날 때마다 들여다보면서 스스로 경계할까 합니다.

돈 안 들이고
뉴욕을 즐기는 법

늙은 아버지를 모시고 여행 다니는 게 힘은 들지만, 당시 나이 50을 목전에 둔 저로서는 유용한 경험이었어요. 건강하실 때 뉴욕에서 한 번 살아보고 싶다던 평생소원을 이뤄드려서 다행이고요. 아쉽긴 하지만 괜찮아요. 저는 아직 젊으니까 언제라도 다시 갈 수 있거든요. 뽑아둔 맛집 리스트는 나중에 활용하면 되죠, 뭐. 아버지 덕에 돈 안 들이고 뉴욕 여행하는 법을 터득할 수 있었어요. 몇 가지 소개할게요.

뉴욕 걷기 여행 3대 코스

뉴욕에 있는 동안 내내 걸어 다녔어요. 돈 안 드는 공짜 여행으로는 걷기가 최고지요. 뉴욕에서 지내는 동안 매일 2만 보에서 3만 보씩 걸어 다녔어요. 그중 최고의 걷기 여행 코스 세 개를 뽑아봅니다.

❶ 센트럴파크

(8km / 2시간 / 난이도 하)

센트럴파크가 무조건 1등 먹습니다. 뉴욕에서 걷기의 메카는 역시 센트럴파크니까요. 일단 공원의 규모가 방대하고요, 여기저기 아기자기하고 재미난 것이 많습니다. 운동하는 뉴요커들, 거리의 악사들, 전 세계에서 관광 온 사람들 등 사람 구경하기에 최고지요. 센트럴파크의 규모는 압도적입니다. 땅값이 비싼 곳에 어떻게 이토록 큰 공원을 만들었는지 신기할 정도예요. 세계에서 가장 땅값 비싼 자리에 무료로 개방된 공원, 바로 맨해튼 센트럴파크입니다. 공원 양쪽 끝으로 자연사박물관과 메트로폴리탄미술관이 있습니다. 박물관 구경 왔을 때 공원을 잠시 걸어봐도 좋아요.

센트럴파크를 걷다 보면 세계 각지에서 온 신혼부부들의 웨딩 촬영도 구경할 수 있는데요. 심지어 저는 미국 드라마 촬영 현장까지 봤어요. 스태프가 다 합해 열다섯 명 정도니 저예산 드라마인 것 같은데 옆에 스낵 테이블이랑 음료수를 풍성하게 갖춰놓고 촬영하더군요. 감독은 초보 같았어요. 카메라가 돌아가는 상태에서 배우에게 계속 이렇게 해라 저렇게 해라 지시를 하더군요. 연기 톤에 대한 상의는 대본 리딩이나 리허설 같은 비공개 장소에서 하는 게 낫습니다. 일반인이 구경하는 공공장소에서 촬영하다 NG를 내면 배우가

기죽어요. 초보 감독들은 구경하는 사람이 많을수록 NG를 많이 냅니다. 그래야 감독의 권위가 서는 것처럼 생각하는 거지요. 나 살자고 배우 죽이는 일입니다.

일할 때 소리를 질러야 자신의 권위가 선다고 생각하는 직장 상사가 드물지 않은데요. 소리를 지르거나 화를 내는 사람은 아마추어라고 생각해요. 일이 제대로 안 되는 건 셋 중 하나입니다. 부하 직원에게 업무 지시를 정확하게 하지 못했거나, 직원의 역량에 비해 과도한 업무를 맡겼거나, 팀을 꾸릴 때 팀원의 역량을 파악하지 못했거나. 셋 다 리더의 잘못이지 직원의 잘못은 아니거든요. 더욱이 공개적인 자리에서 소리 지르고 지적한다고 해서 일이 나아지진 않아요. 그냥 상사의 분풀이일 뿐이죠. 오히려 팀의 업무 효율을 갉아먹기 십상입니다. 그런 상사를 만나 심신이 피폐해지면 장기 휴가로 대응하세요. 당신은 소중한 사람이니까요.

❷ 배터리파크 프로머네이드

(2km / 30분 / 난이도 하)

제주 올레길의 팬으로서 바닷길 트레킹을 좋아합니다. 배산임수, 명당의 조건이죠. 숙소도 바다나 강, 호수가 보이는 곳이 비싸잖아요? 오션뷰 숙소에는 못 묵어도 바다 전망을 온종일 공짜로 누리는 방법이 있어요. 해변의 공원을 찾아다니는 거지요. 그런 점에서 맨해튼 최남단 배터리파크도 좋아요. 월스트리트역에서 내려 9·11기념관을 찾아간 후, 아래로 계속 내려가면 월스트리트의 유명한 상징인 황소상이 있습니다. 그 맞은편이 볼링 그린이고, 바다가 보이는 공원이 바로 배터리파크입니다. 저 멀리 자유의 여신상도 보여요. 왼쪽으로 허드슨강을 끼고 오른쪽으로 월스트리트의 높은 마천루를 보면서 걷는 바닷가 산책로가 이어져요.

❸ 브루클린 다리

(2km / 30분 / 난이도 하)

전철을 타고 시티홀역에 내리면 뉴욕 시청, 법원, 경찰청 등 관공서가 몰려 있는 시빅 센터가 있고요. 브루클린 다리로 갈 수 있습니다. 다리를 직접 걸어서 건너는 건 재미난 경험입니다. 맨해튼 스카이라인이 뒤로 조금씩 멀어지면서 전체 모습을 드러내거든요. 일요일 오전에 갔더니 걷기 대회 행사를 하더군요. 재미난 복장으로 걷기 대회에 참가한 사람도 많았어요.

영화 좋아하는 사람은 뉴욕에 오면 정말 반가울 거예요. 곳곳에서 영화 속 장면이 떠오릅니다. 데이트할 때 이런 말로 슬쩍 아는 체를 할 수도 있죠. "아, 타임스 스퀘어 말이죠. 그 앞에 맥도날드가 있는데요. 화장실 줄이 너무 길어요." 브루클린 다리를 건넌 후에는 '덤보'를 찾아갑니다. 〈무한도전〉의 달력 촬영지로 유명해진 포인트지요. DUMBO(Down Under the Manhattan Bridge Overpass)라, 이름도 참 재미있게 짓지 않았나요? 아기 코끼리 덤보가 떠오르는군요. 가서 사진 찍고 계속 강변을 따라 산책하면 브루클린 브릿지 공원에서 아까 걸어서 건넌 브루클린 다리를 볼 수 있습니다.

뉴욕 메트로 카드 3대 코스

아버지는 '지공선사'이십니다. '지하철 공짜로 타는 노인'이라는 뜻이에요. 한국에서 아버지가 가장 좋아하는 취미는 지하철 타기예요. "목욕 간다" 하고 나가셔서는 1호선 타고 온양온천 가서 온천욕하고 오십니다. "점심은 해물 칼국수를 먹어볼까?" 하면 4호선 타고 오이도 가서 바다 구경까지 하고 오시고, "닭갈비가 당기나?" 하면 경춘선 전철 타고 춘천까지 갔다 오십니다. 노인에게 지하철은 공짜니까요. 하루하루 시간을 어떻게 보내느냐가 고민인 은퇴자이시니 전철 타고 장시간 이동하는 게 전혀 부담스럽지 않은 거지요. 오히려 시간을 때울 수 있어 좋아하십니다.

뉴욕에서도 대중교통을 적극적으로 활용했어요. 뉴욕의 교통카드인 메트로 카드 일주일권을 끊었는데요. 일주일 동안 무제한으로 탈 수 있습니다. 덕분에 지하철이 공짜인 것 같은 착시 현상을 주지요. 뉴욕 메트로 카드로 탈 수 있는 것들에 죄다 도전해봤는데요. 그중 추천할 만한 코스 세 개를 뽑아봤습니다.

❶ Q 트레인

전철을 타고 지하로만 다니면 지상의 풍광을 볼 수 없어 답답하지요. 맨해튼 도심에서 코니아일랜드행 Q 트레인을 타면 맨해튼 다리를 지상으로 건널 수 있습니다. 차창 너머 맨해튼 스카이라인이 멀어지는 광경을 볼 수 있어요. 브루클린 지역은 지상으로 운행하기에 바깥 구경하기 좋습니다. 창밖으로 한글 간판도 종종 눈에 띕니다. 외국 나와서 한글 간판을 보면 그렇게 반가워요. 종점 가기 직전 브라이튼 비치에서 내려 코니아일랜드까지 바닷가 산책로를 걷습니다.

코니아일랜드에는 쇠락한 풍광의 놀이공원이 있습니다. 에버랜드나 롯데월드에 비하면 안타까운 수준이지만, 그래도 한때 뉴욕 청춘들의 데이트 코스였어요. 영화에 자주 나오는 곳이어서 실제로 보면 무척 반갑습니다. '아, 여기였구나!' 할 거예요. 워낙 오래된 시설이라 현대물이나 시대물에 다 나옵니다.

❷ 스테이튼 아일랜드 페리

9·11기념관이나 배터리파크에 가면 자유의 여신상으로 가는 유람선 투어 호객꾼들이 많습니다. 뉴욕까지 왔으니 자유의 여신상은 봐야지 싶다면, 메트로 카드로 공짜로 탈 수 있는 페리가 있다는 것도 알아두면 좋겠지요. 바로 스테이튼 아일랜드 페리입니다. 배터리파크 바로 옆에 선착장이 있어요. 섬에서 맨해튼으로 출퇴근하는 사람들을 위해 시에서 운영하는 여객선이라 꽤 큽니다. 멀미도 느껴지지

않고, 시간도 오래 걸리지 않아요. 배 오른편에 창밖을 향해 벤치가 놓여 있는데, 앉아서 맨해튼의 고층빌딩을 감상하다 보면 배가 자유의 여신상 옆을 지나갑니다. 자유의 여신상에겐 마음속으로 인사를 전합니다. "나중에 돈 많이 벌면 찾아갈게!"

뉴욕 메트로 카드가 있으면 스테이튼 아일랜드 내 전철도 무료로 이용할 수 있습니다. 대단한 관광지는 아니지만 아기자기하게 동네 구경하는 맛이 있어요. 맨해튼에 있으면 정작 맨해튼의 고층빌딩들이 그리는 스카이라인을 볼 수 없지요. 배를 타고 바다로 나와야 전경이 보입니다.

인생이 힘들 때도 마찬가지죠. 바쁜 일상에 빠져 있으면 답이 보이지 않아요. 여행을 떠나 평소 빠져 있던 인간관계나 일상의 반복에서 거리를 두고 다시 살펴보면 답이 떠오르기도 합니다. 안 떠올라도 괜찮아요. 그 핑계로 여행을 즐기면 되니까요.

❸ 루스벨트 아일랜드 트램

뉴욕 메트로 카드가 있으면 케이블카도 공짜로 탈 수 있어요. 바로 루스벨트 아일랜드 트램입니다. 무려 북아메리카 유일의 통근용 공중 케이블카죠. 맨해튼섬이랑 루스벨트섬을 잇는 출퇴근 수단입니다. 관광용이 아니라 통근용이어서 교통카드가 있으면 공짜입니다. 낮에는 관광객들이 꽤 탑니다. 목적은 하나지요. 맨해튼섬을 하늘에 떠서 볼 수 있다는 것. 루스벨트섬 자체는 별로 볼 게 없어요. 시간이 없다면 그냥 케이블카만 타보고 다시 돌아와도 됩니다.

　제가 추천한 탈것들은 뉴욕에 일주일 이상 머무는 경우, 메트로카드 일주일 무제한 패스를 구매한 경우에만 추천합니다. 2박 3일 왔다 갈 때는 그냥 시내 1일 관광버스 타고 하루 만에 싹 돌아보는 게 나을지 몰라요. 관광 온 기분도 나고요. 자유의 여신상 가는 유람선도 타고, 록펠러 전망대도 올라가 보세요. 여행에서 시간이 부족할 때는 돈을 써야 하고, 돈을 들이지 않으려면 시간이 여유로워야 해요.

　평생 교직 생활을 하고 정년퇴직하신 아버지는 장기 여행을 좋아하십니다. 방학마다 여행을 다니셨고, 은퇴 후에는 미국 LA에 가서서 혼자 한 달을 지내다 오셨어요. 아버지의 지론은 어느 곳이든 일주일 이상 머물러야 그곳 사람들의 사는 모습이 눈에 보인다는 거예요. 뉴욕은 갈 때마다 보이는 게 다릅니다. 낡은 지하철처럼 변하지 않는 것도 있고, 무역센터 쌍둥이 빌딩처럼 사라진 것도 있어요. 반면 새로 생겨나는 뮤지컬이나 명소도 있지요. 언젠가 기회가 되면 또 가고 싶습니다.

여행으로 공생을
배운다

주말에 아버지를 모시고 서울 산행을 다닙니다. 북한산 둘레길이나 안산 자락길을 걷는데요. 그때 가장 즐거운 화제가 '이번 추석에는 어디로 놀러 갈 것인가?'입니다. 2015년 추석, 뉴욕에 갈 때는 환승 포함해서 24시간 정도 걸렸어요. 아버지께서는 이제 장시간 비행기 타는 것도 힘드니 좀 가까운 데로 가자고 하셨어요. 가장 가까운 여행지는 일본이지요. 일본 여행을 권했더니 아버지는 동일본 지진 이후 방사능이 무서워 일본은 꺼려진다고 하셨어요. 휴대전화에서 구글 지도를 보여드렸어요. "아버지, 오키나와라고 있어요. 일본 본토에서 한참 떨어져 있어요. 지진 난 곳이랑 거리를 보면 한국보다 더 멀어요. 여긴 날씨도 따뜻하고 바다도 예쁘고 참 좋아요. 무엇보다 비행기 타고 겨우 2시간 거리고요."

| 오키나와의 피자 가게

2016년 추석에는 그렇게 아버지와 둘이서 오키나와로 떠났습니다. 렌터카를 빌려서 아버지와 둘이서 드라이브를 즐겼지요. 숙소를 잡고 동네를 구경하다 저녁을 먹으려고 피자 가게에 들어갔습니다. 간판이 호기심을 불러일으켰어요.

매주 화요일과 수요일 이틀 동안 쉬는 가게였어요. 마치 제게 말을 거는 것 같았어요. '당신들도 일주일에 5일 일하고 2일은 쉬지 않나. 주말을 이용해 오키나와에 놀러 온 거고. 그럼 우리도 주중 이틀은 쉬어야 하지 않겠어? 이 아름다운 섬에서 일하는 우리 직원들도 이틀은 다이빙도 하고 해변에 앉아 책도 읽으며 놀아야지.' 이런 멋진 생각을 가진 사람이 주인이라면 꼭 한번 들러보고 싶은 식당이었어요.

평소 서울 시내를 걷다 24시간 영업하는 순댓국집이나 설렁탕집 간판을 보면 마음이 아픕니다. 저는 드라마 촬영을 하면서 숱하게 밤을 새워봤고, 주조정실에서 야간 교대근무로 일하기도 했어요. 밤에 일하는 게 얼마나 힘든지 알아요. 드라마 촬영 현장에서는 종종 젊은 스태프가 일하다 쓰러져 그 길로 세상을 떠나기도 해요. 밤을 새우며 일하면, 목숨을 조금씩 덜어 팔며 사는 기분입니다. 그래서 24시간 영업하는 식당을 보면 마음이 아파요.

왜 24시간 식당을 돌릴까요? 새벽 2시쯤 되면 손님이 그리 많지도 않아요. 밤 12시에 문 닫고 7시에 다시 시작해도 되지 않을까요? 저는 서울 시내 24시간 영업 식당이 많은 이유는 땅값이 사람값보다 비싸기 때문이라고 생각합니다. 가게를 운영하는 데 임대료가 많이 들고 인건비가 적게 든다면, 가게를 쉬지 않고 돌리는 게 수익을 극대화하는 길이니까요. 사람이 땅보다 못한 대접을 받는 세상. 땅값을 내리기는 쉽지 않으니 사람의 가치를 올려야 한다고 생각합니다. 그것이 우리 사회가 일하는 이들에게 할 수 있는 최소한의 배려 아닐까요?

바다 너머 해가 지는 멋진 풍경을 볼 수 있는 피자 레스토랑이었어요. 손님도 많고, 가격도 착했어요. 2인용 피자 한 판에 1000엔. 생맥주 한 잔에 500엔이었어요. 근무 조건이 좋은 덕인지 피자 맛도 좋고 직원들이 다들 싹싹하고 친절했어요. 아버지가 시원한 생맥주 한 잔하자고 하시기에 평소에 술을 즐기지 않는 저도 간만에 목을 축였습니다.

  그날 묵은 숙소는 산속에 있는 펜션 카제노오카(風の丘)였습니다.
'바람의 언덕'이라니, 이름도 참 멋있죠. 렌터카로 여행할 때는 도심
보다 외곽 숙소를 선호합니다. 가격도 싸고, 주차도 편하거든요. 이
곳을 찾아올 때 산속 좁은 길을 헤맨 탓인지 집의 오래된 외관에 아
버지는 무척 실망하셨어요.

  "여기는 얼마 하냐?"

  "어제 묵었던 시내 호텔이랑 가격은 같아요. 1만 2000엔. 우리 돈
으로 13만 원 좀 넘어요."

  "왜 그렇게 비싸냐."

  "방이 넓어서 시내 호텔보다는 여기가 편하실 거예요. 전용 베란
다도 있고요."

  아버지는 여전히 마뜩잖아 하십니다. 이런 시골집에 왜 그렇게
비싼 돈을 주고 묵는다는 건지….

  펜션 용도로 지어진 집이라 그런지 방안에 취사도구나 냉장고,
조리 시설이 잘 갖추어져 있어요. 다만 아버지나 저는 여행 중 요리
를 잘하지 않아요. 주로 외식으로 끼니를 해결합니다. 주인 할아버
지께 아침 식사는 어떻게 하냐고 여쭤보니 미안한 표정을 지으며,
이 집에서는 조식을 따로 제공하지 않는다고 하시더군요. 대신 근처
식당의 조식 쿠폰을 1000엔에 판매한다고 알려주셨어요. 쿠폰을 사

| 식사 후 잠시 여유를 갖는 아버지

면 식당에 연락해서 아침을 예약해주신다고.

　다음 날 아침에 일어나 숙소에서 예약해준 식당을 찾아갔습니다. 걸어서 3분 거리에 있는 작고 아담한 식당이었어요. 바깥에서 볼 땐 몰랐는데, 들어와서 보니 마당이 아주 멋졌어요.

　무슨 휴양지 바닷가에 차린 레스토랑 같아요. 개별 오두막에 해먹이 걸려 있어요. 오후에는 저 아래 석양을 보며 해먹에 누워 쉬다 갈 수 있을 것 같습니다.

　브런치 메뉴로 핫샌드위치나 피자 토스트 같은 식사가 음료와 함께 제공되더군요. 일본 여행은 보기에도 예쁘고 맛도 좋은 음식이랑 함께하기에 즐거워요. 젊은 부부가 운영하는 듯한데 남편이 요리하고 부인이 서빙을 했습니다. 가게를 꾸미는 솜씨나 음식 솜씨가 좋아 아버지도 만족하셨지요. 숙소로 돌아와 방 앞 베란다에서 쉬시던 아버지가 물어보셨어요.

"지내보니 이 집이 마음에 든다. 주인에게 가서 물어봐라. 이 집을 지은 지 얼마나 됐는지."

체크아웃을 하면서 주인 내외께 여쭤봤지요. 참고로 70대이신 주인 내외는 영어는 못하셨습니다. 10년 전에 공부했던 일본어 덕을 톡톡히 봤지요. 주인 내외는 원래 나하(오키나와에서 가장 큰 도시)에서 살다가 20년 전에 이곳에 펜션을 짓고 이사 오셨다는군요. 저희 아버지 또래로 보이는 주인어른의 연세를 생각하면, 아마 50대에 퇴직하고 평생 모은 돈으로 지은 집이 아닐까 싶습니다. 노후 대책으로 펜션을 지은 거지요.

다만 숙소를 운영하는 연로한 부부가 손님들의 아침 준비까지 하긴 힘들었을 겁니다. 마침 마을에 젊은 부부가 운영하는 맛있는 브런치 가게가 생겼고, 펜션에서는 아침 식사를 부탁하는 손님에게 그 식당을 연결해주는 겁니다. 이런 공생, 참 괜찮은걸요? 집을 가진 노인과 재능을 가진 청년 세대의 콜라보레이션. 자금의 여유가 있는 노부부는 펜션을 운영하고, 부지런하고 센스 있는 젊은 부부는 브런치 카페를 운영하며 서로에게 도움을 줍니다.

펜션이 있는 언덕 위 마을은 주변에 상가나 식당이 거의 없어 브런치 가게가 아니라면 불편할 수 있어요. 펜션 덕에 식당은 손님을 소개받고, 식당 덕에 펜션은 고객의 아침을 해결하고. 좋아요, 이런 협력 관계. 생각해보면 아버지와 둘이 다니는 여행도 나름의 공생입니다. 제가 여행 준비를 하고 아버지가 경비를 대신 적이 있어요. 그랬더니 아내에게 눈치가 보이지 않더군요. 자식들이 여행 경비를 마련해서 부모님께 패키지 여행을 보내드리는 경우는 많지요. 자식 입장에서는 그게 부담이 덜합니다. 부모가 경비를 대고 자식이 여행 준비를 할 경우 솔직히 그 여행, 출발도 못 하는 수가 있거든요. 가장 좋은 건 자식들과 부모가 소액을 꾸준히 모아 경비를 마련하고, 경제적인 여유가 없는 자식이 시간과 노력을 들여 여행을 준비하는 게 괜찮은 것 같아요. 공생은 서로 도우며 함께 살아가는 것입니다. 도움을 주고받는 관계를 인정하는 가족이라면, 그만큼 건강하고 끈끈한 공동체도 없겠지요.

따로 또 같이 즐기면
여행이 풍요로워진다

아버지를 모시고 오키나와 인근에 있는 자마미섬에 갔어요. 스노클링의 명소거든요. 2박 3일 동안 저는 후루자마미 비치에서 매일 스노클링을 했고, 아버지는 혼자 걸어서 섬을 구경하셨어요. 인구 650명 정도의 작은 섬인지라 노인 혼자 다녀도 문제가 없어요. 치안도 좋고 인심도 좋아요.

아침 먹고 헤어졌다가 점심 때 숙소에서 만났더니 식사는 당신이 봐둔 식당에서 하자고 하시더군요. 아버지를 따라 회덮밥 도시락(개당 500엔)을 파는 식당에 갔습니다. 가성비가 아주 뛰어난 훌륭한 맛집인데, 간판만 봐서는 찾기 힘든 곳이에요. 어떻게 이런 곳을 찾아내셨냐고 여쭈었더니 부둣가에 앉아 쉬는데, 배가 들어와서 생선을 내놓더랍니다. 그 생선을 누가 들여가나 쫓아갔더니 작은 식당이 나오더라고요. "옳지, 저기가 횟집이구먼!"

여럿이 함께하는 여행 중에는 이렇게 혼자 노는 시간도 필요해요. 저는 바다에서 스노클링을 하고, 아버지는 마을 산책을 하시고요. 따로 또 같이 즐기면 여행이 풍성해집니다. 따로 다니며 찾아낸 공간을 서로 추천하고 추천받으면 여행을 배로 즐길 수 있습니다. 아버지는 산책 중 만난 자마미 전망대를 추천하셨어요. "마을에서 산으로 계속 가면 끝에서 초등학교가 나온다. 그 옆에 난 도로에 표지판이 있어. 그걸 따라 오르니 주위 바다가 한눈에 보이는 전망대가 있더라."

아버지 설명을 듣고 전망대에 올랐어요. 자마미 마을과 근처의 섬들이 파노라마 풍경으로 보입니다. 마을에서 걸어서 30분 거리고요. 길 찾기는 수월합니다. 전망대를 오르다가 감탄했던 것은 그 계단입니다. 간격이 딱 적당하더군요. 가파른 곳은 촘촘하게, 완만한 곳은 여유 있게. 아무 생각 없이 걸어도 계단의 폭만 따라 발을 움직이면 급경사는 조심조심, 완경사는 성큼성큼 걷게 됩니다. 트레킹을 하다 보면 돌계단의 폭이 일정하고 똑같아서 불편할 때도 있는데, 경사에 따라 계단의 폭이 달라야 걷기에 편하거든요.

이곳의 계단을 만든 사람이 일할 때 고민을 많이 했다는 티가 납니다. 유럽이나 일본 여행이 편리한 이유는 시스템이 잘돼 있어 개인이 일일이 선택하지 않아도 되도록 해두었기 때문입니다. 시스템만 따라 해도 불편함이 없어요. 시스템에 대한 믿음은 한 사람 한 사람의 고귀한 노동에서 나옵니다.

'먹고살기 위해 일하는 게 아니라, 나의 기술로써 세상을 편안하게 한다'라는 자부심이 계단에서 느껴집니다. 그런 자부심이 장인 정신의 기본입니다. 초밥을 쥐는 가게 주인이나 펜션 주인 등 일본을 여행하다 만나는 소상공인들에게서 그런 장인 정신을 자주 느낄수 있어요.

'나 한 사람의 수고로 여럿이 편안해진다.'

진화는 한 방향으로 나아가는 발전이라고 생각했는데, 알고 보니 진화는 다양성의 증가더군요. 나무 위에 있던 원숭이가 내려와서 걷기 시작하고 직립보행을 하면서 인류가 탄생했어요. 인류가 원숭이보다 더 발전한 건 아닙니다. 생명의 나무에서 뻗어 나온 수많은 가지 중에 원숭이도 있고, 침팬지도 있고, 인간도 있는 거지요. 각자의 다양성을 존중하며 공존할 수 있을 때 생태계는 발전합니다. 직업의 세계도 그렇지 않을까요?

인류가 남긴 놀라운 문화유산을 보면, 인간의 위대함도 다양성에서 나온다는 걸 알게 됩니다. 사람만큼 다양한 환경에 적응하고 사는 동물이 없어요. 극지에서부터 적도에 이르기까지, 사람은 다양한 주거 양식과 생활습관을 만들어 어떤 환경에도 적응합니다. 낯선 음식과 문화는 서로 다른 자연환경에 적응한 결과입니다. 너와 나의 차이를 인정하는 순간, 여행이 더 즐거워집니다.

권위에 익숙한 삶을 경계한다

오키나와의 자마미 마을을 산책하다 보면 일본 대중문화에서 익숙한 캐릭터들을 만납니다. 카페 앞을 지키는 고양이 버스와 토토로가 있고요. 작은 게스트하우스 앞을 지키는 로봇이 있는데, 미야자키 하야오 감독의 애니메이션 영화 〈천공의 성 라퓨타〉에 나오는 거인 로봇입니다.

25년 전 대학 영화제에 갔다가 〈천공의 성 라퓨타〉를 처음 봤어요. 당시 일본 영화는 한국에 수입 상영되지 못했어요. 그래서 대학 영화 동아리에서 축제 기간에 몰래 상영했지요. 저 로봇이 등장하는 장면에서 펑펑 울었습니다. '만화영화를 보면서 울다니, 이게 무슨 짓인가?' 하다가, 〈아키라〉를 보고 〈공각기동대〉를 본 후 일본 애니메이션의 팬이 됐습니다.

| 자마미 마을에서 만난 거인 로봇

일본은 '덕후'들의 성지예요. 다른 사람 눈치 보지 않고 자신이 좋아하는 일을 하면서, 그 결과로 세상 사람들을 즐겁게 해줍니다. 덕후란 그런 사람이에요. 일단 내가 좋아하는 게 있고, 그걸 일 삼아 합니다. 자신의 노동을 존중하고, 타인의 노동도 존중합니다. 내가 내 일을 좋아하는 만큼 남들도 자기 일을 좋아하리라 여기니까요.

오키나와 여행 마지막 날, 나하 시내를 달리는 유이 모노레일을 타고 종점에 있는 슈리성에 갔어요. 오래된 궁궐이지만 휠체어를 위한 루트나 시설을 따로 증설하여 몸이 불편한 분들도 구경하는 데 전혀 지장이 없게 해놓았어요. 휠체어를 밀고 여행하는 가족도 많아요. 일본은 장수 국가입니다. 우리보다 더 일찍 고령화 사회에 진입

했지요. 어디를 가든 노인을 위한 복지 시설이 잘돼 있어요. 나이 들어 몸이 불편해지면, 일본 여행을 다닐 겁니다. 가깝기도 하고 편하기도 하고, 노년의 여행지로 딱 좋아요. 다만 나이 들어 여행 다닐 때 주의해야 할 점은 있지요.

토마린항 여객선터미널에서 표를 받고 배를 타러 가는데 뒤따라오시던 아버지의 분위기가 이상했어요. 앞에 가는 일본인 중년 남자와 서로 눈싸움을 하고 계셨어요. 급기야 아버지가 대뜸 우리말로 시비를 거시더군요.

"아니, 뭐가 잘못됐어요?"

'일본 사람에게 난데없이 한국말로 소리치시면 어쩝니까, 아버지.'

성격이 급하신 아버지는 길을 가다 누가 앞에 있으면 사람을 밀치고 가십니다. 일본 사람들은 예의는 깍듯이 바르지만 남에게 폐를 끼치는 걸 무척 꺼립니다. 불필요한 신체 접촉을 좋아하지 않아요. 아마 앞의 커플이 느리게 걸으며 길을 막자 아버지가 밀치고 지나가다 사달이 났나 봐요.

40대로 보이는 일본 남자는 아버지를 계속 노려보고 있고, 아버지는 '이런 버르장머리 없는 놈을 봤나!' 하듯 째려보고 있었어요. 얼른 제가 나서서 사과를 했습니다.

"여행 오신 분이라 여기 사정을 몰라 실수하신 것 같은데 죄송합니다."

깍듯하게 머리를 조아리며 사과를 했어요. 외국어를 공부할 때 제가 가장 공들여 외우는 표현이 감사 인사와 사과 표현입니다. 두 가지만 잘해도 여행 다닐 때 불편함이 없거든요.

특히 상대가 커플일 경우 저는 무조건 먼저 사과를 합니다. 여자랑 데이트하는 남자의 체면은 살려주는 게 남자들끼리의 품앗이 같은 거 아닐까요? 어려서 제일 싫었던 게 데이트하는 커플에게 시비 거는 양아치 형들이었어요.

"어이, 그림 좋은데?"

이런 유치한 멘트, 그건 정말 비겁한 짓이지요. 부러우면 지도 연애를 하든가. 여자에게 작업 걸 용기도 없는 놈들이 꼭 술 먹고 옆자리 커플에게 시비를 겁니다. 저는 커플에게는 무조건 한 수 양보해야 한다고 생각합니다. 그게 누군가를 사랑하는 남자에 대한 예의입니다.

아버지는 평생 교사로 사신 탓인지 권위에 대한 도전을 못 견디십니다. 심지어 공고 훈육주임이셨어요. 말 안 듣는 덩치들을 몽둥이로 길들이셨지요. 명절에 큰집에 가서도 꼭 조카들이랑 싸우십니다. "작은아버지가 그러시면 안 되는 거잖아요?" 하면, 바로 "뭐야 이 자식아?" 하고 버럭 상을 엎습니다. 제 내면에는 명절마다 난리가 나는 걸 막기 위해, 집안의 평화를 위해 이 한 몸 바친다는 사명감 같은 것이 있는지도 모르겠어요.

직업적인 권위로 따지자면 드라마 감독도 빠지지 않습니다. 현장에서 제가 "큐!" 하고 외치면 수십 명이 동시에 움직이고, "컷!" 하면 일제히 멈춥니다. 평생 PD로 일하다 권위에 중독될까봐 두려워요. 권위에 중독되면 말년이 외롭거든요. 퇴직 후 남자들의 과제는 '권위에 익숙한 삶과 결별하라'입니다.

기대수명의 증가로 가부장 제도가 무너지고 있어요. 예전에는 50대에 퇴직한 아버지가 집에서 10년 정도 살다가 60대에 돌아가셨습니다. 평생을 벌어 모은 재산은 은퇴하고 얼마 되지 않아 자식들에게 물려주었지요. 이제는 퇴직하고 30년을 더 삽니다. 당장 노후 파산이 두려운데 자식에게 얼마나 물려줄 수 있을지 모르겠어요. 저보다 앞선 세대의 권위는 유산, 그러니까 돈에서 나왔는데 수명이 비약적으로 늘어나면서 그게 힘들어졌어요. 노후가 길어지면서 아버지 당신의 삶을 챙기기도 버거워졌거든요.

가부장의 권위가 사라졌는데, 옛날 생각만 하면서 권위를 세우면 긴 세월 외로울 수 있어요. 외국 여행을 다니다 보면, 노년의 엄마와 중년의 딸이 사이좋게 다니는 팀은 참 많아요. 그런데 늙은 아버지와 중년의 아들이 다니는 건 한 번도 못 봤어요. "여긴 음식이 왜 이러냐?", "여긴 숙소가 왜 이리 비싸?", "여긴 볼 게 왜 이리 없냐?" 이런 식으로 가는 곳마다 타박이면 여행의 동반자로서는 최악이지요. 권위를 내려놓아야 모두가 편안해집니다. 아버지를 모시고 여행을 다니면서 문득문득 아버지의 노년에서 저의 미래를 봅니다. 그래서 또 많이 고민하게 되고 배우게 됩니다. 나이를 한 살씩 먹어갈수록 권위에 익숙한 삶을 경계하려고요.

재미와 휴식을
동시에 잡는 법

예능 조연출로 일할 때 참 바빴어요. 주말에는 방송하느라 바쁘고, 연휴에는 특집 차출로 바쁘고, 연말에는 시상식 프로그램 끌려다니느라 바빠요. 연차도 못 써요. 어떻게 하면 장기 휴가를 낼 수 있을까 고민하다 장가를 가야겠다고 결심했어요. 결혼하면 신혼여행은 보내주니까요. 통역대학원 재학 시절부터 눈여겨봐둔 후배와 2000년 4월에 결혼했어요. 당시만 해도 신혼여행은 4박 5일이 대세였는데요. 용감하게 2주간 휴가를 신청했습니다. '이때 아니면 언제 놀랴!' 대차게 질렀어요. 그 후로는 후배들이 결혼 휴가를 2주씩 내더군요. 역시 선례를 남기는 게 중요해요. 노는 데는 선구자라는 자부심을 안고 삽니다.

신혼여행은 미국으로 갔어요. 명색이 영어 통역사였지만 미국에 가본 적이 한 번도 없었거든요. 국내에서 독학했으니까요. 예능 PD로서 뉴욕에 가 브로드웨이 뮤지컬을 보는 게 꿈이었어요. 뮤지컬은 노래와 춤과 연기가 어우러지는 최고의 무대예술입니다. 뉴욕에 도착한 첫날 밤, 뮤지컬 〈캣츠〉를 봤는데요. 실수였어요. 보는 내내 꾸벅꾸벅 존 거예요. 뮤지컬 〈캣츠〉의 원작은 T. S. 엘리엇의 시예요. 영문 시에 노래를 입힌 거라 뚜렷한 이야기가 없어요. 시차 적응도 못 한 상태에서 보느라 졸려 죽는 줄 알았어요.

〈오페라의 유령〉을 볼 때는 중간에 펑펑 울었어요. 아내를 쫓아다닐 때, "선배처럼 못생긴 남자는 제 스타일이 아니에요"라는 구박을 숱하게 들었거든. 팬텀이 실연의 아픔을 노래하는 장면에서 눈물이 줄줄 흐르더군요. '못생긴 남자의 사랑이 죄냐?' 팬텀도 울고, 저도 울었어요. 뉴욕에서 일주일을 보낸 후 하와이 마우이섬으로 향했어요. 당시 마우이섬은 관광객이 많지 않은 조용한 섬이었어요. 일하랴, 결혼 준비하랴 지친 신혼부부에게는 최고의 휴양지였지요.

2000년 당시 신혼여행을 2주일이나 다녀왔다고 하면 다들 부러워했어요. "예능 조연출이 얼마나 바쁜데, 그게 가능해?" 하고 묻는 사람도 있었죠. 상사들 중에는 직원이 장기 휴가 내는 걸 싫어하는 사람도 있어요. "나는 너만 할 때 그렇게 일하지 않았다"라면서요. 요즘은 잘 노는 사람이 일도 더 잘하는 시대입니다. 바쁜 직장인에게도 재충전의 시간이 필요합니다. 휴가 다녀와서 더 열심히 일하면 되잖아요? 저는 일할 때는 일에 집중하고, 놀 때는 놀이에 집중해야 한다고 생각해요. 일할 때는 "제발 좀 쉬고 싶다"라고 투덜거리고, 쉴 때는 '나 없는 동안 일은 어떡하지?' 하고 불안해하는 건 일과 휴식 양쪽의 능률을 떨어뜨리는 거지요. 놀 땐 충분히 놀고 일할 땐 열심히 일합니다.

신혼여행을 2주간 다녀온 이유가 있어요. 여행은 새로운 장소를 찾아 나서는 관광이기도 하고, 일상에서 탈출하는 휴양이기도 해요. 일과 휴가를 나누듯, 관광과 휴양도 나눠야 합니다. 일주일 내내 뉴욕에서 구경하고 다닌 건 관광이에요. 결혼 준비하느라 지친 상태에서 관광만 하면 녹초가 됩니다. 휴가에서 복귀하면 후유증을 앓게 되죠. 그렇다고 휴양지에 가서 내내 멍하니 쉬기만 하면 갔다 와서 아쉬워요. 아무것도 한 게 없으니 남는 것도 없거든요. 일주일은 관광을 다니고 일주일은 휴식을 취하는 것, 이게 제가 생각하는 최고의 여행입니다.

신혼여행은 아내와 제가 가족이 돼서 처음으로 함께 보내는 시간이었습니다. 신혼여행을 통해 서로의 취향을 새롭게 발견하기도 하고 몰랐던 점을 알아가기도 했어요. 여유롭게 서로를 알아가기 위해서는 조금 더 긴 시간이 필요합니다.

관광과 휴양을 동시에 즐기는 더블 테마 여행, 일정별 추천 코스를 알려드릴게요.

관광휴양 더블 테마 여행 코스

❶ 5일: 일본 도쿄 + 하코네

징검다리 휴일에 가까운 일본으로 여행하는 분들이 많은데요. 저는 도쿄 여행을 추천합니다. 김포에서 아침 일찍 하네다로 가는 비행기를 타면 오전 중에 도쿄 시내에 도착해 관광을 시작할 수 있어요. 도쿄에서 2박을 하며 쇼핑과 관광을 즐긴 후, 온천 휴양지 하코네로 갑니다. 신주쿠 서역에서 출발하는 기차를 타고 두 시간 반이면, 산속 호수마을 하코네가 나옵니다. 하코네 프리패스를 끊으면 산악열차, 케이블카, 유람선으로 이어지는 다양한 탈것을 즐길 수 있어요. 일정이 꽉 차 있어서 하루가 후딱 가는데요. 온천욕과 료칸 체험까지 여유 있게 즐기려면 1박 2일 정도 보내는 것도 좋습니다. 동경에서 관광을, 하코네에서 온천 휴양을 즐겨보세요.

❷ 2주: 태국 치앙마이 + 남부 섬마을

태국 여행을 간다면 볼 것 많은 방콕에서 하루나 이틀을 보낸 후, 밤 기차를 타고 북부 치앙마이까지 올라갑니다. 치앙마이는 배낭여행을 하는 사람들이 즐겨 찾는 트레킹의 성지입니다. 외국인들과 팀을 이뤄 오지 트레킹을 다니며 〈정글의 법칙〉을 찍는 거지요. 코끼리를 타고 정글 트레킹을 한 후, 남부에 있는 코 사모이나 코 사맷 같은 한적한 섬을 찾아 해변에서 며칠 쉬다 오면 좋아요. 2000년에 갔을 땐 코 사멧의 해변 방갈로 독채가 1박에 5000원이었고, 파인애플 볶음밥이 1000원이었어요. 저렴한 물가에 다양한 볼거리까지, 최고의 가성비를 누릴 수 있는 곳이 태국입니다.

❸ 4주: 인도 + 네팔

가격 대비 만족도라면 빠질 수 없는 곳이 바로 인도입니다. 2011년에 한 달간 인도와 네팔 여행을 다녔는데요. 마일리지로 구한 항공권을 제외하고 총경비가 100만 원이었어요. 한 달 예산으로 100만 원을 준비했다고 하니 현지에서 만난 대학생 배낭족들이 "우와, 무척 럭셔리하게 여행하시겠군요!" 하고 부러워했어요. 적은 돈으로 풍족하게 즐기는 곳이 인도지요. 뉴델리, 아그라, 바라나시 등 각양각색의 도시들을 2주 정도 돌아본 후 네팔로 건너갑니다. 히말라야로 가서 안나푸르나 트레킹을 즐기고 포카라 호숫가에서 며칠간 푹 쉽니다. 인도 여행과 네팔 트레킹, 무척 다른 느낌의 여행 두 가지를 한 번에 즐길 수 있어요.

서로 다른 장소 두 개를 하나의 일정에 녹여 넣는 것이 피곤하다면, 가장 좋아하는 도시 한 군데에서 두 가지 테마의 여행을 즐기는 방법도 있습니다. 《아무튼, 방콕》(김병운, 제철소, 2018)의 저자는 매년 한 번씩 방콕 여행을 가는데요. 이유를 이렇게 설명합니다.

방콕은 휴양과 관광, 양쪽에 발을 하나씩 담그고 있어도 전혀 어색하지 않은 곳이다. 나처럼 아무것도 하지 않기를 바라는 동시에 뭐라도 하지 않고서는 못 배기는 사람에게는, 휴양인 듯하면서도 관광 같고 관광인 것 같으면서도 휴양 같은 그런 변칙적인 여행을 선호하는 사람에게는 방콕만큼 딱 들어맞는 맞춤형 여행지가 또 있을까 싶다. 아무것도 하지 않아도 만족스럽고 무엇을 하더라도 즐거운 곳은, 휴양이 지겨워지면 관광을, 관광이 버거워지면 휴양을 선택해도 무방한 곳은, 그날 날씨나 기분, 컨디션에 따라 언제든 휴양에서 관광으로, 다시 관광에서 휴양으로 여행 모드를 변경해도 괜찮은 곳은 아직 내 미천한 경험 안에서는 방콕뿐이다.

관광과 휴양을 하나의 여행 안에 녹여 넣은 건 재미와 휴식을 동시에 챙기는 방법이지요. 노는 것과 쉬는 것은 비슷한 것 같지만 달라요. 놀이와 휴식을 함께 추구할 때 더욱 빛이 납니다. 통역대학원을 함께 다닌 아내와 저는 독서를 좋아하고 여행을 좋아하는 등 비슷한 취향이 많은데요. 비슷한 것 같으면서도 참 다른 사람입니다. 신혼여행 가서 아내 덕분에 처음 해본 것도 많았어요. 결혼하고 나서 제 삶이 더욱 풍성해졌습니다. 다른 두 사람이 모여 하나의 가족을 만든다는 건, 관광과 휴양을 아우르듯 다른 두 가지가 만나 삶이 더욱 풍성해지는 참 신기한 경험입니다.

●

미숙한 이가 앞장서고
능숙한 이가 쫓아간다

2017년 봄, 아내와 둘이서 제주도 여행을 떠나려고 집을 나서는데 둘째 민서가 묻습니다.

"또 엄마 아빠 둘이서만 놀러 가는 거야? 결혼기념일은 이미 지났 잖아?"

아이가 우리 부부의 연간 일정표를 파악했군요. 매년 봄 결혼기 념일이 되면 아이들은 장모님께 맡기고 둘만 여행을 다닙니다. 부부 에겐 이런 시간이 필요하거든요. 제주도 여행을 준비하면서 아내에 게 물어봤어요.

"이번에는 어디 가고 싶어? 테마는 당신이 정해줘. 그럼 내가 코 스를 짤게."

"아이들 없이 가니까 호젓한 숲길을 걷고 싶어."

194

아이들과 제주도에 가면 바닷가 해수욕장이나 관광지 위주로 다녔어요. 중문단지에 있는 회사 콘도에서 묵고 민서가 좋아하는 헬로키티박물관에 가거나, 민지가 좋아하는 말타기 체험을 하지요. 외돌개나 일출랜드 같은 관광 명소도 가고요. 아이들은 처가에 맡기고 둘만 왔으니, 마님의 소원대로 어른들의 여행 코스를 짭니다. 첫날 오후, 숙소가 있는 섭지코지를 산책하던 아내가 그러더군요.

"어? 저기에도 오름이 있네?"

아내가 가리킨 건 제주도의 랜드마크인 성산 일출봉이었어요.

"당신, 성산 일출봉 몰라?"

"그래? 저것도 오름 아냐?"

"어떤 남자의 평생 꿈이 할리 데이비슨을 사는 거야. 드디어 돈을 모아 할리를 뽑아서 여자 친구 앞에 딱 나타났어. 그런데 여자가 그러는 거지. '어머? 오빠 스쿠터 새로 샀구나!' 성산 일출봉을 오름이라 부르면 서운해할걸?"

일전에 가족 여행 와서 일출봉에 오르려고 했는데, 어린 민서가 계단 오르기를 힘들어해서 중간에 포기하고 돌아갔던 기억이 납니다. 어른들끼리 왔으니 이번에는 정상까지 갑니다.

'울 마님, 그동안 애들이랑 다니느라 이 좋은 데도 몰랐구나, 앞으론 내가 잘 모시고 다닐게.'

일출봉에서 내려와 사려니숲길로 향합니다. 아이들과 오면 아기

| 사려니숲길을 걷는 아내

자기한 코스에 화려한 식물군으로 유명한 비자림에 갑니다. 사람이 많은 곳이지요. 부부만의 고즈넉한 숲길 산책을 원한다면, 한라산 중턱에 있는 사려니숲길도 괜찮아요. 주차장을 찾는 게 좀 불편한데요. 편의 시설이 적다는 건 그만큼 사람이 덜 찾는 곳이라는 뜻이니까, 그것도 나름 괜찮아요.

본격적인 숲길 산책을 시작합니다. 바닥에 야자나무 잎으로 만든 매트가 이어집니다. 길 밖으로 벗어나면 수풀이 무성해 걷기 어렵지만 매트를 밟으며 걸으면 힘들지 않아요. 그래도 인적이 드문 구간은 관목들이 양옆에 무성합니다. 반바지보다는 긴 바지에 발목까지 덮는 양말을 신고 걷는 편이 좋습니다.

아내 혼자 씩씩하게 잘 걷네요. 항상 회사 일과 집안일로 바쁘기만 한 마님이 주말에 이렇게 숲길을 걷는 모습, 보기 좋아요. 평소라면 수다를 떠는 저도, 오늘은 묵언수행 하듯 입을 닫고 멀찌감치 뒤에서 쫓아갑니다. 아내가 조용한 숲속의 정취를 온전히 즐길 수 있도록 해주고 싶어요.

　둘이 함께 숲길을 걸을 때, 아내가 앞장서서 걷고 저는 쫓아갑니다. 걸음이 느린 사람이 앞에서 가는 편이 좋습니다. 산행에 익숙한 사람이 성큼성큼 앞장서서 걸으면 따라오는 사람이 쉽게 지칩니다. 사이가 벌어지면 앞서가던 사람이 잠시 서서 기다리는데, 뒷사람이 따라잡으면 금세 다시 출발해버리죠. 즉 산을 잘 타는 사람은 자신의 속도대로 산을 오르며 휴식도 자주 취하는데요, 산을 못 타는 사람은 잘 타는 사람 속도에 맞추느라 힘들고 제대로 쉬지 못해서 더 힘들어요.

　커플 산행을 할 때는 미숙한 사람이 앞장을 서고, 뒤에 가는 사람은 적당히 간격을 유지하면서 따라가는 편이 좋습니다. 뒤에 쫓아가는 게 체력 소모가 더 심하거든요. 그리고 한라산이나 사려니숲길처럼 사람들이 많이 다니는 곳은 길만 따라가면 되니까 초보자가 혼자 가도 길 찾기에 부담이 없어요. 갈림길이 나오면 잠시 쉬면서 뒷사람이 쫓아오기를 기다리면 되니까요. 도보 여행이나 자전거 여행도 마찬가지예요. 미숙한 사람이 앞장서고 능숙한 사람은 쫓아갑니다. 더 가진 사람이 덜 가진 사람을 배려하는 곳이 좋은 공동체인 것처럼.

해발 1000미터라는 표지판을 본 아내의 표정이 밝습니다. 초보자에게 중요한 것은 이런 작은 성취감이지요. 20년의 결혼 생활도, 앞서거니 뒤서거니 하면서 왔네요. 저는 인생을 자기 주도적으로 사는 터라 일을 자주 저지릅니다. 아내는 멀리서 지켜보기만 할 뿐 참견하지 않아요. 가끔 농 삼아 그러지요.

"우리 남편, 회사에서 잘려도 걱정하지 마시라. 내가 먹여 살릴 테니."

아내가 저보다 연봉이 훨씬 높은 능력자거든요.

'앞에서 끌지도 않고, 뒤에서 붙잡지도 않는다. 그냥 서로가 가는 길을 존중하며 조용히 쫓아간다. 그가 무엇을 하든, 뒤는 내가 지켜준다는 생각으로.'

부부가 여행을 하는 법도, 인생을 사는 법도 이런 게 아닐까요?

돈보다 시간에
더 투자한다

큰딸 민지가 초등학교 5학년일 때, 단둘이 라오스 여행을 간 적이 있어요. 열두 살짜리 딸과 라오스로 가겠다고 했더니 "위험하지 않을까요?"라며 걱정하는 분도 있더군요. 공산국가라고 무서워하는 사람도 있는데요. 제가 다녀본 나라 중 가장 안전한 곳이 라오스입니다. 독실한 불교 국가라 그런지 사람들이 순박하고 욕심이 없어요. 태국이나 인도에서 넘어온 여행객들이 입을 모아 하는 말이 있어요. "라오스에서는 상인이 소매를 잡아끄는 일이 없어 좋다."

라오스를 보면 어린 시절 고향이 떠올라요. 곳곳에서 1970년대 한국의 시골 풍경을 만납니다. '므앙 응오이 느아'라는 오지 마을에도 갔는데요. 아침이면 소달구지가 집집마다 다니며 아이들을 태우고 학교로 가더군요. 소달구지 스쿨버스라니, 아이에게는 무척 신기한 광경이었죠.

라오스에서 가장 좋은 건 저렴한 물가입니다. 아이랑 돈 걱정 없이 펑펑 쓰면서 다녔어요. 인터넷 예약 사이트를 통해 한인 숙소를 잡았는데 2인실이 1박에 15달러였어요. 한식 조식이 포함돼 있고요. 라오스는 길거리에서 파는 샌드위치가 참 맛있습니다. 식빵 대신 바게트를 쓰고 안에 참치와 마요네즈와 각종 야채가 들어가는데, 정말 맛있어요. 프랑스 식민지 시절 바게트 등의 제빵 기술이 도입됐는데요, 그 덕에 이곳의 빵 맛은 일품입니다. 미쉐린 가이드에 올라간 빵집도 있어요. 고급스러운 맛의 빵을 세계에서 가장 저렴한 가격에 내놓는 것으로 유명하답니다. 길거리 어디에서나 만날 수 있는 1만 킵(한화 1,500원)짜리 참치 샌드위치는 양도 많고 맛도 좋아요.

루앙프라방에 갔을 때는 종일 자전거를 빌려 타고 메콩강을 따라 오래된 절을 구경하며 다녔어요. 경치 좋은 강변에 자리 잡은 카페가 보이면 들러서 야외 테이블에 자리를 잡아요. 1000원짜리 코코넛을 나눠 먹고 우노나 루미큐브 같은 보드게임을 했어요. 야시장 골목에 있는 1만 킵 뷔페에서 저녁을 먹으면 접시에 양껏 음식을 담을 수 있는데요. 맛있는 군만두나 잡채 같은 국수도 있습니다. 아침에는 길거리에서 파는 1500원짜리 '라이스 수프'를 먹었어요. 라오스식 닭죽으로, 한국 배낭족들이 즐겨 찾는 메뉴입니다. 우리 입맛에 딱 맞아요. 이렇게 저렴한 물가 덕에 2주간 항공권 빼고 둘이서 60만 원 정도 썼습니다. 숙식과 교통비를 포함한 경비가 1인당 하루에 2만원 꼴이에요. 아이와 함께한 최고의 겨울방학이었습니다.

아내는 아이들이랑 싱가포르에서 2년을 살았어요. 물류 중심지인 싱가포르에서 사는 동안 딸들과 다양한 곳을 여행했습니다. 싱가포르항은 19세기 말 아시아와 유럽을 잇는 교역 중간기지로 발달했어요. 지금도 유럽에 가는 항공편이 많아요. 한국에서 가는 것보다더 가까워서 싱가포르 있는 동안 유럽 여행을 많이 갔어요. 런던도가고, 파리도 가고, 덴마크도 가고. 태국도 가고, 앙코르와트까지 다녀온 어느 날 아내가 큰딸 민지에게 물었어요.

"그동안 여행 다닌 곳 중 어디가 제일 좋았어?"

런던이나 파리, 크루즈 여행이라고 할 줄 알았는데 딸의 답은 의외였어요.

"라오스가 최고야."

짠돌이 아빠랑 다니는 통에 하루 15달러만 쓰는 극빈 체험을 한곳인데 그게 제일 좋다니, 아내로서는 기가 막혔죠.

"아니, 라오스가 뭐냐고! 내가 저한테 돈을 얼마나 들였는데!"

배낭여행 마니아로서 감히 자신 있게 말할 수 있어요. 여행의 즐거움은 투입한 비용에 정비례하지 않아요. 아이들은 오히려 반비례할 수도 있어요. 돈을 많이 쓸수록 아이에게는 고역이에요. 일주일시간을 내어 아이랑 유럽 여행을 간다면, 유럽에 도착한 첫날 아이는 밤낮이 바뀐 탓에 시차 적응을 못 해 힘들어합니다. 이럴 때는 숙소에서 좀 쉬는 것도 좋은데요. 비행기 표와 짧은 여정을 생각하면 그렇겐 못 하지요.

런던만 해도 볼 곳이 어디 한둘인가요? 대영박물관에, 내셔널 갤러리에, 버킹엄궁까지 공짜로 구경할 곳이 얼마나 많은데요. 런던까지 갔는데 그냥 올 수도 없지요. 그뿐인가요. 열차 타고 두 시간이면 프랑스 파리도 볼 수 있죠! 유로스타 표를 끊어 1박 2일 일정으로 파리까지 갑니다. 반나절 안에 루브르를 보려고 박물관 안에서 마라톤을 합니다. 돈을 많이 쓴 여행은 기대치가 올라가서 오히려 만족감이 덜할 수 있어요. 서로에게 부담이 될 수도 있죠.

라오스를 여행하는 동안 저는 매일 아침 민지에게 물었어요. "오늘은 뭐 하고 싶어?" 수영이든, 말타기든, 자전거 타기든, 보드게임이든 아이가 하자는 걸 했어요. 하고 싶은 게 없다고 하면 그냥 숙소에서 종일 빈둥대며 놀았어요. 심심할 때 하려고 여행용 루미큐브 보드게임을 가져갔어요. 일방적으로 지면 아이가 흥미를 잃을까봐 조금씩 봐주기도 했는데요. 매일 하루에 서너 판씩 하니 아이의 실력이 쑥쑥 늘더군요. 여행 후반부에 가서는 제가 기를 쓰고 조합을 만들어도 번번이 졌어요. 게임에 지고도 기분 좋은 상대는 아이밖에 없지요.

아이와 함께 배낭여행을 하면 아이의 성장을 실시간으로 지켜볼 수 있습니다. 그때는 돈보다 시간을 더 투자하는 편이 좋습니다. 아이에게 줄 수 있는 최고의 선물은 시간이니까요.

아이의 눈으로
세상을 바라보다

외대 통역대학원 재학 시절, 원어민 교수 중 여행을 무척 즐기시는 분이 있었어요. 그분에게 그동안 다닌 여행지 중 어디가 가장 좋았는지 여쭤봤지요.

"히말라야가 최고였어요. 아래는 따뜻한 아열대성 기후인데 위로 올라갈수록 점점 기온이 내려가 만년설까지 볼 수 있어요. 극과 극 사이의 모든 자연을 한눈에 볼 수 있는 곳, 그게 히말라야예요."

저 역시 그동안 다녀본 여행지 중 가장 좋았던 곳이 네팔 히말라야입니다. 스위스 융프라우, 캐나다 로키산맥, 남미의 파타고니아도 좋았지만 접근성이나 가격 대비 만족도 면에서 히말라야가 최고였어요. 2011년에 혼자 히말라야에 갔어요. '다음에는 사랑하는 사람과 이 아름다운 경치를 함께 봐야지' 하고 다짐했지요.

아내에게 네팔 여행을 권했는데요. 늦둥이를 낳은 후 무릎이 좋지 않아 등산이 즐겁지 않대요. 결국 민지랑 가기로 했어요. 라오스에서 이미 우리가 최고의 여행 동반자라는 게 증명됐거든요. 봄방학 2주간 딸과 함께 네팔 여행을 다녀온다고 아내에게 말했더니 바로 제 속셈을 꿰뚫어 보더군요.

"애 핑계로 놀러 가는 거지?"

역시 마님은 한 수 위십니다. 뜨끔하지만, 최선을 다해 설득 작업에 들어갑니다.

"민지가 올해 중학교 입학하면 대학 입시 때까지 여행 다니기는 힘들 텐데, 미리 즐거운 추억 하나쯤 만들어둬도 좋지 않을까?"

아내의 허락을 득한 후, 아이와 함께 안나푸르나 트레킹을 떠났습니다. 이번 여행은 든든한 후원도 받았어요. 여동생에게 조카가 있는데요. 조카랑 민지가 동갑이에요. 두 손주의 초등학교 졸업선물로 아버지가 여행을 보내주신 거지요. 저와 여동생, 딸, 조카 넷이서 닷새를 걸어 3,200미터 높이의 푼힐 전망대까지 올랐어요. 그곳에서 함께 히말라야의 해돋이를 감상했어요.

산을 오르는 중에 한국에서 온 등반대를 만났어요. 방학을 맞아 안나푸르나 등반 오신 선생님들이었는데요, 도란도란 우리말로 이야기를 하며 지나가는 딸과 조카를 보고 깜짝 놀라시더군요.

"너희들 한국에서 왔니? 와, 정말 대단하다. 이 아저씨는 죽기 전에 히말라야를 보는 게 소원이어서 나이 60에 겨우 왔는데 너희는 그 어린 나이에 벌써 여기까지 오고. 정말 부럽다. 그런데 너희 부모님은 어디 계시니?"

제가 아이 바로 옆에 있었는데 말이죠.

"안녕하세요!" 하고 인사를 했더니 깜짝 놀라시더군요.

"아이쿠, 한국말 잘하시네요."

네, 저를 네팔 현지인 가이드로 보신 거예요.

안나푸르나 트레킹을 마친 후, 포카라 사랑코트에 올라 패러글라이딩을 했어요. 히말라야 설경이 병풍처럼 둘러 있고 호수가 거울처럼 설경을 비추는 곳, 이곳이 패러글라이딩의 세계적인 명소가 된 이유입니다. 탠덤 패러글라이딩이라 하여 경험이 없는 초보도 숙달된 라이더와 함께 2인 1조가 돼 하늘을 날 수 있어요.

민지도 함께 갔는데요. 막상 절벽 위에 올라가 아래를 내려다보면 아찔합니다. 아이가 겁을 먹고 안 할 수도 있겠다고 생각했어요. 실제로 막판에 포기하는 사람도 있고요. 그런 경우 다시 차를 타고 내려오면 됩니다. 민지에게 하기 싫으면 안 해도 된다고 했더니, 하고 싶대요. 아이에게는 노련한 패러글라이더인 프랑스인 할아버지가 붙었어요. 민지가 직접 절벽에서 발을 굴러 낙하산을 펼치고 뛰어내렸고요. 하늘을 날며 히말라야의 설경을 즐겼지요. 아이가 낙하산을 타고 날아가는 모습을 보고 저는 좀 놀랐어요.

"겁나지 않았어?"

"아니. 아빠가 하자고 하는 건 다 재미있으니까. 이것도 재밌을 것 같았어."

아이에게 제 삶을 긍정받은 느낌, 정말 뿌듯했어요.

어렸을 때 저의 아버지는 제게 늘 겁을 주셨어요. "소설 읽느라 공부를 안 하면 나중에 굶어 죽는다", "의사가 되지 못하면 불행할 것이다" 등. 철학자 강신주 선생은 학교 선생님을 만나 강의하는 자리에서 이렇게 물어본다고 해요.

"그래서 여러분은 유괴범입니까, 스승님입니까?"

아이를 볼모로 잡아 부모에게 돈을 받으면 유괴범이 되고, 아이를 가르치는 게 좋아 열심히 일했는데 나라에서 돈도 주면 참 스승이 된다는 거죠. 부모도 마찬가지예요. 미래를 볼모로 불행을 예단하면 아이들은 언어폭력의 피해자가 될 수 있어요. '공부 열심히 안 하면 불행해질 것이다', '결혼 안 하면 나중에 후회할 것이다', '자식을 낳지 않으면 늙어서 외로울 것이다' 등 이런 말은 한 번만 들어도 충격이 큰데 부모에게 이런 말을 반복적으로 듣고 자라면 어떻게 될까요? 부모 말대로 하거나, 아니면 그런 부모와 멀어지거나 둘 중 하나입니다. 어느 쪽도 아이가 바랐던 삶은 아니죠.

어려서 아버지를 보며 결심했어요. 아버지처럼도, 아버지의 말대로도 되지 않겠다고요. 인생이 얼마나 즐거운지 보여주는 어른이 되

자. 저는 독서를 즐기고, 여행을 즐기고, 외국어 공부를 즐깁니다. 제가 즐기는 모습을 보고 아이가 따라 하면 다행이고요. 안 따라 해도 저는 제 삶을 즐겼으니 그것으로 만족합니다.

초등학교 졸업하는 아이와 안나푸르나 트레킹에, 치트완 국립공원 정글 사파리에, 카트만두 유적 관광에 최선을 다해 놀았어요. 즐거운 네팔 여행을 마무리하던 날, 민지에게 물어봤지요.

"민지야, 네팔에서 한 것 중 뭐가 제일 좋았어?"

"음…. 잠자는 거?"

엥? 내심 패러글라이딩이나 사파리 트레킹을 예상하고 물었는데, 기껏 호텔에서 자는 게 제일 좋았다니 의아했어요. 네팔은 전기 사정이 좋지 않아요. 수도인 카트만두에서도 매일 밤 걸핏하면 정전이 됐어요. 해가 떨어지면 할 게 없어요. 안나푸르나 트레킹을 할 때 들른 간드룩이나 푼힐 아래 롯지는 발전기나 태양전지로 전기를 생산합니다. 밤에는 전력이 너무 약해 책 한 권 읽기도 쉽지 않아요. 한국에 돌아오던 날, 아파트 엘리베이터를 타면서 민지가 그랬어요.

"와, 여기는 엘리베이터 안이 네팔 호텔 방보다 밝아!"

네팔에 있는 2주 동안 해가 떨어지면 잠자리에 들고, 해 뜨고 사방이 훤해져야 일어났어요. 아이는 매일 꼬박 열두 시간씩 잤어요. 초등학교 6학년이었던 민지는 한국에서 밤 11시가 넘어야 잠자리에 들어요. 일주일에 세 번 가는 수학 학원은 수업 끝나는 시간이 밤 10

시예요. 학원 다녀와서 숙제하고 누우면 밤 11시가 넘습니다. 학교에 가려면 아침 7시에는 일어나야 하고요. 민지에게 네팔은 부족한 수면을 채우는 곳이었어요.

아이랑 여행을 다니며 다시 한번 깨닫습니다. 아이는 부모 맘대로 되는 게 아니라는 것을요. 똑같은 걸 봐도 부모가 느끼는 거랑 아이가 느끼는 건 다를 수밖에 없어요. 2주간 아이와 함께 생활하면서 아이의 눈으로 세상을 보고 아이의 입장을 이해하게 된 것, 어쩌면 그게 아빠로서 얻은 최고의 선물이 아닐까 싶습니다.

여행도, 육아도
기대한 만큼 되지 않는다

2011년에 저는 언론노조 MBC 본부의 노조 부위원장으로 일했어요. MBC에는 부문별로 한 명씩 총 다섯 명의 부위원장이 있어요. 저는 PD를 대표하는 편성제작 부문 부위원장이고요. 보도, 경영, 기술, 영상 미술 등 네 개 부문의 부위원장들이 또 있어요. 2012년 MBC에서 170일 파업을 할 때 우리 다섯 명은 함께 싸우고, 함께 징계를 받고, 함께 유배지로 쫓겨났어요.

　노조에게 파업은 전쟁이고, 파업할 때 부위원장은 전투의 소대장입니다. 위원장이나 사무처장이 "내일은 명동에 거리 선전전 나가니 부문별로 조합원 몇 명씩 동원해주세요" 하면 조합원이나 대의원들에게 연락해요. 파업이 6개월 동안이나 이어지자 싸움을 독려하기도 힘들어졌어요. 몇 달째 월급도 안 나오는데 거리에 서서 피

케팅을 하고 시민 지지 서명을 받으라고 말하기 참 미안하지요. 그때 조합원들을 동원하느라 부위원장들도 마음고생을 꽤 했어요.

170일 파업에서 졌을 때 부위원장들이 모여 술을 마셨는데 누가 그런 얘기를 했어요. "우린 앞으로 회사생활 무척 힘들 거야. 싸움에는 지고, 경영진에게는 찍히고, 우릴 믿고 싸워준 조합원들에게는 면목 없고…, 힘든 세월이 오겠지. 이럴 때 우리 서로를 챙기며 살자. 아무리 바빠도 가끔 만나 얼굴은 보며 살자." 그때 제가 그랬어요. "기왕이면 같이 여행을 다녀오면 어떨까?" 힐링에는 여행이 최고거든요.

2014년에 몽골 여행을 같이 갔어요. 아내에게 몽골 여행을 다녀오겠다고 했더니, 표정이 좋지 않았어요. 이럴 때는 동정표를 사야 해요.

"파업 때 고생한 조합 집행부랑 가는 자리야. 각자 아이들 데리고 가기로 했어. 봄방학에 민지만 데리고 네팔에 다녀왔더니 민서에게 너무 미안하더라고. 이번 여름방학엔 두 아이 다 데리고 몽골에 다녀오면 좋겠는데."

아내는 그러지요. 아이들 방학에 왜 하필 몽골을 가느냐고.

"우리가 외국에 아이들을 데려가서 보여주는 게 뭐야? 기껏해야 다른 문화 정도겠지? 몽골은 말이야, 다른 문명을 본다고. 농경 문명의 일원으로서 정주형 생활만 하던 우리가, 21세기 현재에 유목 문

| 몽골의 낙타와 함께한 민서

명을 이어가는 사람들의 삶을 들여다보는 기회인 거지. 아이들에게
새로운 자극과 경험을 준다는 면에서 이만한 여행이 또 없어.”

　여름방학을 맞아 열흘 정도 몽골에 다녀왔는데요, 여름철 더위를
피하는 피서로는 몽골이 제격이었어요. 몽골은 위도가 높아 8월에
도 한국의 초가을 날씨 정도입니다. 낮에는 선선하고, 밤에는 약간
추워요. ‘게르’라는 몽골 전통 숙소에서 묵었는데요. 8월 한여름에도
밤에는 텐트 안에 난로를 피워요. 새벽쯤 되면 불씨가 꺼지는데, 좀
쌀쌀하더군요. 아침에 일어나 애들이랑 추워서 덜덜 떨고 있는데 직
원이 와서 그래요. 새벽에 불피워주려고 왔다가 문이 잠겨 있어 못

해줬다고. 다음부터는 천막의 문을 잠그지 말라고요. 하마터면 8월에 얼어 죽을 뻔했어요.

아침마다 게르의 문을 여는 순간, 눈앞에 드넓은 평원이 펼쳐져 있는데 눈길이 닿는 그 어디에도 건물이 없고 사람도 없어요. 몽골 여행은 시각적으로 참 신기한 경험이었어요. 몽골에는 초원도 있고 모래사막도 있습니다. 모래 언덕에 가서 썰매를 타고 노는 시간이 있었는데요, 아이들이 참 좋아했어요. 모래 썰매가 그렇게 재미난 줄 몰랐대요. MBC 조합 동료이자 카메라 기자인 이창순도 아들을 데려왔는데요. 모래에서 뒹굴며 놀다 보니 아이들끼리 금세 친해졌어요. 여덟 살 민서는 나중에 혼자 모래 썰매를 탔어요. 제 눈에는 늘 어리광부리는 늦둥이였는데, 여행 가서 보니 용감무쌍 모험 소녀더군요. 썰매도 타고, 말도 타고, 낙타도 탔으니 자동차만 타던 아이에게는 새로운 경험이었지요.

낙타 트레킹도 했어요. 몽골에서는 말이고 낙타고 한 번 타면 기본 한 시간은 갑니다. 한 시간 정도 흔들흔들 낙타 등에 올라앉아 멋진 풍광을 감상합니다. 그 아름다운 풍경 속에 즐거운 딸들의 모습이 있어요. 나도 모르게 절로 외쳐봅니다.

"이것이 행복이 아니면 무엇이 행복이랴!"

민서는 어느새 낙타와 친해졌어요. 실제로 보면 무척 큰 동물이라 민서가 겁을 먹을 줄 알았는데, 혼자 가서 구경하고 놀더군요. 역시 여행은 아이들이 자연과 친해지는 좋은 기회 같아요.

몽골 여행에서 가장 재미난 건 승마였어요. 제대로 말을 타본 게 그때가 처음이었는데요. 몽골에서 말타기는 어렵지 않아요. 처음엔 현지 가이드가 옆에서 고삐를 잡고 가는데, 나중에 익숙해지면 고삐를 놓고 혼자 말을 달리기도 해요. "말~ 달리자!"를 외치며 신나게 달렸어요. 몽골 초원에는 길이 없고, 담이 없고, 차가 없어요. 집도 없고, 사람도 없고요. 그냥 초원을 마구 달려도 거칠 게 없지요. 그래서 초보도 쉽게 탈 수 있어요.

민지는 말을 잘 탑니다. 저는 아이들에게 수영, 승마, 자전거를 가르쳐주고 싶어요. 저보다 수영을 잘하는 민지는 서핑을 배우고, 저보다 말을 잘 타는 민지는 초원을 달리고, 저보다 자전거를 잘 타는 민지는 유럽을 일주하길 희망합니다. 민지가 저보다 인생을 더 즐기는 사람이 됐으면 좋겠어요.

몽골에 가족 여행을 간다면 승마 트레킹을 꼭 하길 권합니다. 비용은 한 시간에 1만 원 정도였어요. 놀이공원 말타기 체험만 해도 고삐 잡고 좁은 트랙 한 바퀴 도는 데 5000원이잖아요. 광활한 초원을 마음껏 달리는 데 이 정도 비용이라면 정말 가성비 최고지요.

딸들과 몽골에 가기 전에 나름대로 만반의 준비를 했어요. 여행에 앞서 언어와 역사를 미리 공부했어요. 한국에 온 파란 눈의 이방인이 우리말로 반갑게 인사를 건네고, 우리 역사에 관해 이런저런 질문을 한다면 참 좋아 보이지요. 그래서 저도 몽골 여행에 앞서 중국어 공부에 매진했습니다. 가서 깨달았어요. 그게 '뻘짓'이었다는 걸. 몽골은 중국어를 쓰지 않습니다. 오히려 러시아어를 쓰는 사람이 많아요. 내몽골은 중국의 일부라 중국어가 공용어인지 모르나, 독립국인 몽골은 중국과 사이가 안 좋아요. 중국어 간판도 찾아보기 힘들어요. 러시아어권인 키릴 문자를 씁니다. 딸들 앞에서 잘난 척하려고 중국어 회화를 열심히 외워 갔는데 말이죠.

몽골의 역사 공부를 하고 가면 여행 다니며 도움이 되지 않을까 하는 생각에 마르코 폴로의 《동방견문록》을 읽었습니다. 마르코 폴로는 몽골 제국의 전성기인 쿠빌라이 칸 시절에 대원 제국을 방문해 몽골 문명의 위대함을 서방에 알린 사람이니까요. 이 또한 뻘짓이었어요. 《동방견문록》에 나오는 몽골의 수도는 지금 중국의 베이징입니다. 쿠빌라이 칸이 천도하면서 세운 수도가 베이징이고요. 《동방견문록》을 보면 베이징의 옛 모습에 대한 상세한 설명이 나옵니다. 제가 방문한 울란바토르에 대한 얘기는 하나도 없더군요. 딸들 앞에서 아는 척하려고 한 계획, 실패로 돌아갔어요.

농경민족인 우리에게 오곡이 있다면 유목민인 몽골 사람들에게 주식은 '오축'입니다. 즉 낙타, 말, 소, 염소, 양이죠. 그중에서도 몽골은 양고기로 유명한데요. 아이들은 특유의 노린내 때문에 별로 좋아하지 않더군요. 할 수 없이 마트에 가서 한국 라면을 사다 끓여줬어요. 둘째 민서가 특히 좋아했어요. 집에서는 엄마가 금지한 라면을 아빠랑 여행 가서 원 없이 먹은 거죠. 게르에서 끓인 라면을 초원을

| 몽골에서 맛본 라면의 맛

바라보며 셋이 나눠 먹었습니다. 입단속을 했지요.

"엄마한테 아빠가 라면 끓여줬다고 이르기 있기, 없기?"

"없기!"

돌아오던 날 공항에서 장모님께 안부 전화를 드렸습니다. 외할머니랑 통화하던 여덟 살 민서가 제일 먼저 한 말.

"할머니, 몽골에도 신라면 있는 거 알아? 우리 몽골 가서 라면을 세 번이나 먹었어!"

옆에서 듣던 제가 기함했더니 얼른 민서가 덧붙인 말.

"참 할머니! 아빠가 라면 끓여준 거 엄마한테는 비밀이랬어. 그러니 할머니도 엄마한텐 말하지 마."

민서야, 네가 날 두 번 죽이는구나.

아빠는 나름대로 많은 준비를 해서 몽골에 다녀왔는데, 민서에게 가장 기억에 남는 건 원 없이 먹어본 한국 라면인 거죠. 여행이고 육아고, 절대 부모의 기대대로는 되지 않나 봐요. 어쩌겠어요, 그게 여행이고 육아인 것을.

테를지 국립공원에 갔을 때, 두 딸은 게르 캠프촌의 한쪽에 있는 놀이터에서 신나게 놀았어요. 두 아이의 즐거운 표정을 보는 것만으로도 보람을 느껴요. 예전에는 여행을 가면 신기한 풍경이나 재미난 활동을 찾아다녔는데, 요즘은 아이들이 좋아할 것을 찾아다닙니다. 나이 들어 감이 떨어졌는지 여행 가서도 실수가 잦아요. 하지만 여행이란 원래 뻘짓하는 재미로 다니는 거죠. 완벽하게 통제된 상황을 원한다면 그냥 집에서 익숙한 일상만 반복하며 살아야지요.

20대에 배낭여행을 다니던 시절, 결혼과 육아는 배낭여행의 종말을 불러올 것으로 생각했어요. 여행의 자유를 누리기 위해 독신으로 살까 진지하게 고민한 적도 있어요. 그랬다면 딸들과 다니는 육아여행의 재미는 몰랐겠지요. 여행 최고의 협찬자는 아내입니다. 남편의 못 말리는 역마살을 이해해주고, 때로는 딸들과 오붓이 떠나는 여행을 용서해줍니다. 엄마 없이 아이들과 다니면 의외의 즐거움이 있어요. 한 열흘 정도 엄마가 없어 봐야 애들이 아빠 귀한 줄 안다니까요.

출산도, 생리도
대신할 수 없는 남성들에게

제가 아이들을 데리고 몽골을 여행하는 동안 아내는 저녁에 친구를 만나 영화를 보고, 주말에는 북한산 둘레길을 걸었답니다. 육아와 살림 부담에서 벗어난 일주일은 자신을 찾아가는 시간이었을 겁니다. 짬짬이 제가 여행지에서 보낸 아이들의 사진을 보며 "좋겠다!", "부럽다!"를 연발했는데요. 가끔은 떨어져서 그리워하는 것도 사랑을 키우는 방법이 아닐까요?

2016년 여름휴가 기간에 아내가 열흘간 동북아 역사 기행을 갔습니다. 워킹맘으로 바쁘게 사는 아내에게, 진짜 휴가는 혼자 떠나는 여행입니다. 만리장성도 보고 백두산 산행도 한다기에 기쁜 마음으로 보냈어요.

혼자 아이 둘을 돌보는데, 문제가 하나 있어요. 열 살 된 늦둥이 둘째 딸이 매일 밤 엄마가 보고 싶다고 우는 거예요. 이럴 때 아이를 달래는 방법은 이겁니다. "우리 내일은 어디 놀러 갈까?" 그러면서 아이와 함께 인터넷 검색을 시작합니다. 워터파크, 물놀이장, 실내 놀이터 등 온갖 이미지와 유튜브 동영상을 보여주며 아이의 정신을 쏙 빼놓지요.

어떻게 놀 것인가? 아이와 서울에 여행 온 동남아 관광객이라 생각하고, 여행 다니는 기분으로 육아에 나섭니다. 열흘간 폭염을 뚫고 다닌 수도권 놀이터 중 네 곳을 소개합니다.

폭염을 뚫고 아이와 함께 가볼 만한 수도권 놀이터 베스트 4

❶ 키자니아와 한국 잡월드

민서는 직업 체험 테마파크 키자니아를 참 좋아합니다. 시설이 깔끔하고 서비스가 참 좋아요. 무엇보다 어른의 직업을 따라 해볼 수 있기에 아이들이 정말 좋아합니다. 요리사, 아나운서, 경찰, 소방관 등 아이들이 좋아할 체험으로 가득한 곳입니다. 키자니아만 열 번 넘게 갔나 봐요.

아이에게 새로운 자극이 필요하겠다는 생각에 새로 개장한 한국 잡월드를 찾았어요. 분당선 수내역에서 걸어서 10분인데요. 하필 더운 날 갔더니 조금 힘들더군요. 키자니아는 잠실역에서 지하로 바로 연결되는데 말입니다.

잡월드는 사람이 많고 줄이 길어서 체험을 세 개밖에 못 했어요. 어떤 엄마들은 하나라도 더 시켜주려고 아이 손을 잡고 뛰기도 하더군요. 육아 아빠는 이런 치열한 육아 전쟁터에선 좀 뒤처집니다. 될 수 있는 대로 시간을 여유 있게 잡고 가면 좋아요. 내부 시설 중 2층은 복도가 좁아 어른들이 대기할 장소가 마땅치 않아 좀 불편했습니다. 대기 시간 30분, 활동 시간 30분이라 아빠 혼자 몇 시간을 놀아야 하니 휴대전화 보조 배터리는 꼭 챙겨가야 합니다. 저는 책 한 권 가져가서 다 읽고 왔어요.

굳이 비교를 하자면 키자니아를 더 추천합니다. 서비스나 동선 설계, 모든 면에서 키자니아가 한 수 위예요. 원조의 힘일까요?

❷ 롯데월드

아이와 저는 롯데월드 연간 회원권을 이용하는데, 1년 중 한여름에 놀러 갔을 때 가장 만족도가 높았어요. 실내 테마파크라 일단 시원하고, 폭염 탓인지 사람도 없었어요. 월드 모노레일은 줄 선 사람이 없어서 가자마자 바로 맨 앞 칸에 탔어요. 여름에는 실외 매직 아일랜드는 추천하지 않아요. 잠깐 통로로 나갔다가 더운 바람이 '훅!' 끼쳐 바로 들어왔어요.

아이에게 쾌적한 놀이터를 찾아야 해요. 저는 롯데월드 지하 1층에 있는 언더월드를 좋아합니다. 어린아이들이 좋아할 만한 아기자기한 놀이기구가 꽤 있고, 지하라 무척 시원합니다. 와일드 윙이나 와일드 밸리 같은 3D 투어도 좋아요. 1층에 있는 '환상의 숲'도 실내 놀이터라 냉방이 잘됩니다.

❸ 뚝섬 수영장

여름에는 그래도 물놀이를 가야지요. 대형 워터파크는 아이와 단둘이 가기엔 힘들어요. 아빠가 여성 탈의실에 쫓아갈 수 없어 밖에서 기다리는데 아이가 혼자 준비하느라 힘들어해요.

　육아 아빠에게 만만한 물놀이 장소는 한강공원 뚝섬 수영장입니다. '와일드 리버' 같은 환형 유수풀이 있는데요. 빙글빙글 돌면서 아이와 물속 술래잡기를 하다 보면 반나절이 훌쩍 지나갑니다. 유수풀 가운데 놀이터나 유아용 미끄럼틀도 아이 혼자 놀기에 참 좋아요. 아침 일찍 가서 자리 잡고 놀다가 점심 먹고 나옵니다.

　여름에 서울시에서 기획한 '한강 몽땅' 행사를 할 땐, 대형 물미끄럼틀도 설치하는데요. 이게 정말 재미있습니다. 시원한 한강을 바라보며 700미터나 되는 긴 워터 슬라이드를 타고 내려갑니다. 워터파크 가서 슬라이드 한 번 타려면 한 시간씩 줄을 서야 하잖아요? 여긴 사람이 많지 않아 줄을 서지 않아요. 서울 시내 전철역(7호선 뚝섬유원지역) 바로 옆에 이 정도 시설이 있다는 건 정말 감사한 일이지요. 이런 멋진 놀이 시설을 만들어주신 서울시 관계자 여러분, 고맙습니다!

❹ 동네 도서관 어린이 자료실

방학 중 놀이터로는 역시 동네 도서관 어린이 자료실이 최고입니다. 공짜인 데다 냉방도 잘되고요. 아이들이 여기저기 편안하게 앉기도 하고 눕기도 하면서 여러 가지 자세로 책을 읽습니다. 민서가 그랬어요. 세상에서 디즈니랜드 다음으로 재미난 곳이 도서관이라고요. 어릴 때부터 주말마다 도서관 유아 자료실에 데리고 가서 인형 팝업북에 손가락을 넣고 동물 연기를 하며 책을 읽어줬거든요. 아빠로서 보람을 느낍니다.

MBC 저녁 일일 연속극 〈워킹 맘 육아 대디〉를 보면 직장 상사가 휴직계를 들고 온 남자 직원에게 하는 말이 있어요.

"육아휴직이라니, 말도 안 돼!"

저도 그렇게 생각합니다. "육아휴직이라니, 말도 안 돼!" 육아에는 감히 쉴 '휴(休)' 자를 붙일 수가 없어요. 해보면 알아요. 한순간도 쉴 수 없는 게 육아예요. '육아 휴가, 출산 휴가, 생리 휴가' 다 말이 안 되는 단어조합이에요. 제가 옆에서 지켜본 바로는 여자의 삶에서 제일 힘든 게 저 세 가지거든요. 육아도, 출산도, 생리도 모두 휴가가 될 수 없는 일들이에요. 너무너무 힘드니까, 적어도 저 기간에는 노동이라도 좀 쉬자는 취지겠지요. 그걸 가지고 제발 시비 좀 걸지 말아요. 자신이 겪어보지 못한 일을 가지고 그 고통을 비하하지는 말아요(생리 휴가 인증하라는 얘기는 정말이지 너무하는 소리지 말입니다).

출산도, 생리도 대신 할 수 없는 남편들에게 '전담 육아 휴가'를 권합니다. 여름휴가 동안 아내는 친구들과 놀러 가라고 등 떠밀고 혼자 아이를 데리고 놀아주세요. 가족 나들이는 엄마에게 육아의 연장, 살림의 연장이에요. 온전히 혼자만의 휴가를 보내게 해주세요. 아내와 아이들에게 동시에 점수를 따는 가장 좋은 방법입니다.

같이 노는 것도
다 때가 있다

매년 여름방학이면 아이들과 함께 부산에 갑니다. 워킹맘인 아내는 여름휴가를 이용해 일주일간 명상 수련을 떠나고요. 평소 일과 살림으로 지친 아내에게는 이때가 최고의 휴식이자 공부 기회지요. 아내의 휴식이 제게는 아이들에게 점수 딸 절호의 찬스입니다.

부산 사시는 분에게 아이랑 물놀이하기에 어디가 좋을지 물었더니, 송정 해수욕장과 다대포 해수욕장을 추천해주시더군요. 어머니 집이 수영구 근처라 일단 송정으로 향했습니다. 다대포는 해운대에서 지하철로 반대편 종점입니다. 해운대에서 왕복 세 시간 걸려요.

물놀이를 하려면 짐도 많고 싸 가는 음식도 많아서 집에서 카카오택시를 불렀는데요. 어머니는 한사코 택시비가 많이 나온다고 손사래를 치시더군요. 예전에 수영에서 송정까지 택시를 탔는데 차가 막혀서 1만 원도 넘게 나왔다고. 내비게이션을 보니 예상 요금이 6000원 선이었어요. 이 정도면 셋이서 택시를 타는 편이 낫다고 말씀드렸는데도 당신 말씀이 맞으니 두고 보라고 하시더군요. 결국 택시 요금 6000원 나온 걸 보시고야 "응, 택시 타는 게 낫구나" 하시더라고요.

송정 해수욕장, 좋더군요. 파라솔 대여 5000원, 튜브 대여 5000원. 1만 원에 자리를 잡고 잘 놀았어요. 파도가 그리 심하지 않아 아이는 물안경을 끼고 바닷속을 뒤져 파래나 미역 쪼가리를 건지고 조개껍데기를 모았어요. 저는 튜브를 타고 아이 주변을 둥둥 떠다니면서 신선놀음을 즐겼고요.

벡스코 전시회도 가고, 키자니아도 가고, 영화관도 가고 아내가 없는 4박 5일 동안 아이의 '주 양육자'로 지냈어요. 평소엔 엄마를 더 좋아해서 제겐 눈길도 안 주는데 둘째가 닷새 동안 애정 표현이 늘었어요. 역시 아이는 더 많은 시간을 보내는 사람과 애착 관계가 형성되더군요.

평소 여행 갈 때는 어떤 책을 가져갈까 고민하는 저도 육아 여행 기간에는 일부러 책을 안 챙깁니다. 책에 빠지면 아이가 부르는 게 귀찮아지거든요. 될 수 있는 대로 심심하게 보냅니다. 그래야 놀아달라는 이야기가 반갑게 들려요. 늦둥이 아이가 벌써 초등학교 6학년인데요. 고등학생 큰애는 같이 여행 가는 것보다 집에 남아 밀린 공부하고 친구들과 시간 보내는 걸 더 좋아합니다. 아이는 놀아달라고 할 때 놀아줘야 합니다. 더 크면 놀아달라고 조르지도 않아요. 같이 노는 것에도 때가 있거든요.

나를 위한 시간은
따로 챙긴다

부산 육아 여행의 마무리는 해운대 밤길 여행입니다. 마지막 날 저녁에 미포 횟집에 갔어요. 5시에 이른 저녁을 먹고 나니 문득 최근 부산의 새로운 명소로 떠오른 미포철길이 생각나더군요. 네이버 지도를 검색해보니, 마침 근처였어요. 어머니께 둘째를 맡기고 혼자 미포철길로 향했습니다.

어렸을 때 저는 고향인 울산에서 기차를 타고 부산 해운대 가는 걸 좋아했어요. 기차를 타고 바다를 보는 게 참 좋았거든요. 기차를 타면 바다 풍광이 너무 빨리 스쳐 지나는 게 아쉬웠어요. 몇 년 전 부산에 왔을 때는 달맞이길을 걸었습니다. 길은 좋은데 바다가 잘 보이지 않아 아쉬웠어요. 이제 복선전철화로 기존 바닷가 철로가 동해남부선 폐선부지가 됐어요. 미포에서 송정까지 4.8킬로미터를 산책로로 개방했습니다. 바다가 가깝고 잘 보이는 미포철길, 어린 시절에 기차 타고 보던 풍광을 이제 걷기 여행으로 즐길 수 있어요.

요즘 뜨는 명소라 그런지 길 초입에 커플 사진을 찍는 연인들이 많아요. 사람이 많아 번잡할 것 같은데, 조금만 걸으면 금세 한산해집니다. 혼자 조용히 파도 소리를 들으며 걸을 수 있어요. 미포철길 초입에만 사람이 많은 이유가 뭘까요? 젊은 커플이 부산에 처음 왔다면 가야 할 곳이 너무 많은 거죠. 포인트마다 들러서 인증샷을 남깁니다. 여기저기 다니느라 바쁜데요. 나이 50이 넘으니 여유가 생겨요. 일단 욕심이 줄었고요. 열정도 예전만 못해요. 많은 곳을 욕심내기보다 한 곳을 정해서 끝까지 가는 편을 선호합니다. 중년이 되니 여행의 즐거움은 선택과 집중에서 오더라고요.

30분 정도 걸으니 문탠로드로 가는 갈림길이 나오더군요. 송정까지 가는 건 다음 기회로 미루고 여기서 문탠로드로 발걸음을 옮깁니다. 같은 구간이지만 느낌이 달라요. 올 때는 바닷길, 갈 때는 숲길입니다. 한 시간 만에 미포철길 더하기 문탠로드 걷기가 끝났어요. 아쉬워서 좀 더 걷습니다. 여름밤의 해운대 해수욕장을 따라 걷습니다. 다양한 이벤트와 행사, 길거리 공연으로 시끌벅적하네요. 해운대 해수욕장 끝에 웨스틴 조선 호텔이 나오고, 그 옆에 동백섬 산책로 입구가 있어요.

해가 떨어지고 산책로 조명이 하나둘 불을 밝히기 시작합니다. 밤에 오니 또 색다른 맛이 있더군요. 저 멀리 해운대 밤바다가 보입니다. APEC 정상회담이 열렸던 누리마루가 불을 밝히고요. 부산 야경의 새로운 명소 광안대교도 보입니다. 가족 여행으로 부산에 왔다면, 하루씩 부부가 번갈아 가며 해운대 밤길을 걸어도 좋아요. 저녁 먹고 한 사람은 아이들과 숙소로 가고, 한 사람은 혼자 걷기 여행을 즐기는 거죠. 동백섬 둘레길은 밤에도 사람이 많아 위험하지 않아요. 여름에는 선선한 초저녁 걷기 여행이 딱 좋아요. 종일 가족과 시간을 보냈다면, 교대로 혼자만의 걷기 여행을 즐겨보세요.

미포철길, 문탠로드, 해운대, 동백섬 둘레길까지 걷고 동백섬 전철역에 도착합니다. 두 시간이면 충분한 해운대 밤길 여행! 아이들이 잠자리에 들기 전에 돌아갈 수 있어요. 육아 여행 중에도 세상에서 가장 소중한 나를 위한 시간은 따로 챙깁니다. 더 행복한 아빠가 더 좋은 아빠라고 믿으니까요. 아이들에게 하루하루 즐겁게 살던 사람으로 기억되는 것, 그게 아빠로서의 꿈입니다.

부모의 욕심대로 살기보다
내 뜻대로 살길

안나푸르나 트레킹을 갔다가 한국에서 온 여학생을 만났습니다. 대학교를 다니며 아르바이트를 해서 모은 돈으로 생애 첫 여행을 왔다고 하더군요. 민지가 커서 이 친구처럼 혼자 여행을 즐기며 살았으면 좋겠어요. 난생처음 떠난 여행이지만 너무 즐거워, 졸업하면 돈 벌어서 부모님 해외여행을 시켜드리고 싶다는 말도 했어요. 아직 한 번도 해외여행을 못 가본 부모님을 생각하는 마음이 참 기특했는데요. 저는 좀 엉뚱한 소리를 했어요.

"돈 벌어서 부모님 여행 보내드린다고요? 내 아이가 그런다면 저는 별로 안 좋을 거 같아요."

부모님이 여행을 좋아할지 어떨지는 모르겠어요. 그런데 본인은 여행이 너무 좋다고 했잖아요? 그럼 그 좋은 여행, 본인이 다녀야죠.

229

저는 사실 불효막심한 아들이에요. 아버지 평생소원이 아들 의사 만드는 것이었거든요. 의사는커녕 이과로 진학하는 것도 너무 싫었어요. 평생 책만 읽고 살아도 원이 없겠어요. 아버지 기대를 따르지 못했으니 불효자라고 할 수도 있겠지요.

하지만 제 아이를 볼 때마다 부모의 욕심대로 사는 것보다 자기 뜻대로 사는 게 아이에게 더 행복한 거라는 생각이 들어요. 부모님을 위해 싫은 일을 억지로 하며 사는 것보다 자신이 좋아하는 일을 하며 즐겁게 사는 것이 진짜 효도라고 믿습니다.

제가 20대라면 단돈 500만 원만 있어도 세계 일주를 떠날 것 같아요. 인천에서 배를 타고 중국으로 가서, 육로로 베트남, 캄보디아, 라오스로 가는 거죠. 메콩강 슬로보트를 타고 태국으로 갔다가 네팔을 거쳐 인도로 건너갑니다. 여행하다 돈이 떨어지면 호주 농장에 가서 양털을 깎고, 스페인에 가서 오렌지를 따고, 정 안 되면 그냥 집에 돌아와 돈 모아서 다시 나갈 거예요.

제가 20대로 돌아갈 수는 없으니, 민지의 스무 살을 기대해봅니다. 아이가 대학생이 되면 세계 일주를 권할 생각이에요. 어쩌면 12년간 학교에서 배운 것보다 더 많은 것을 배워 올지 몰라요. 무엇보다 12년간 한국에서 공부하느라 고생했으니, 이제는 세계를 누비며 인생의 즐거움을 배웠으면 해요. 여행만큼 큰 즐거움도 없거든요. 나이 60에 효도관광 간다고 인생이 달라지지는 않아요. 하지만 나이 스물의 배낭여행은 인생을 바꿀 수 있어요.

해외에서
뮤지컬 고르는 요령

뉴욕이나 런던에 가면 꼭 뮤지컬을 봅니다. 음악과 스토리와 춤과 무대 미술, 현대 대중문화의 모든 역량을 꽃피운 총화 예술이 바로 뮤지컬이라고 생각합니다. 전 세계 관광객들과 함께 뮤지컬을 보는 게 여행의 또 다른 묘미지요. 여행 가서 현지에서 뮤지컬을 고르는 세 가지 요령을 알려드릴게요.

1 한물간 쇼를 보라

브로드웨이나 웨스트엔드는 늘 새로운 공연을 올립니다. 새로 뜨는 뮤지컬이 많은데요. 극의 서사적 배경을 모르면 가뜩이나 안 들리는 영어 때문에 무척 힘들 수 있어요. 또 취향을 타기도 하고요. 뉴욕과 런던은 전 세계에서 온 여행자들이 몰려드는 관광지입니다. 이곳에서 10년 이상 같은 뮤지컬을 올린다는 건 현지 관객보다 (볼 사람은 벌써 다 봤겠지요) 여행자들이 꾸준히 찾는, 즉 국제적으로 공인된 콘텐츠라는 겁니다. <오페라의 유령>이나 <레미제라블>처럼 오래된 작품을 보는 것이 이질감도 없고, 가장 안전한 선택입니다. 더욱이 가격이 저렴한 표가 많아요. 새로 뜨는 작품, 예를 들어 <해리 포터> 연극 같은 경우는 할인 티켓이 거의 없습니다. 한물간 공연일수록 외국 여행자에게 안성맞춤입니다.

❷ 영화로 본 것을 보라

최근에 떠오르는 뮤지컬 시장의 강자는 디즈니입니다. 디즈니의 영화는 포맷 자체가 뮤지컬이에요. 좋은 노래들이 많지요. 디즈니 영화로 이미 본 <라이온 킹>이나 <알라딘>을 뮤지컬 무대에서 다시 만나보세요. 영어 청취에 어려움이 있어도 영화로 이미 봤기 때문에 스토리를 이해하는 데 무리가 없어요. 익숙한 노래가 나오기에 흥겹고요. 명색이 외대 통역대학원을 나온 저도 런던 뮤지컬을 보면 안 들리는 대목이 많아요. 그래서 여행 가기 전에 <맘마미아>나 <레미제라블> 같은 영화를 다시 보며 예습을 합니다. 영화와 공연을 비교하는 것도 재미있어요.

❸ 노래를 아는 걸 보라

신혼여행 가서 <캣츠>를 볼 때 내내 졸았어요. 예능 조연출로 일하면서 가뜩이나 잠이 부족한데, 하필 밤낮이 바뀐 첫날 시차 적응도 못 한 상태에서 뮤지컬을 보니 졸려서 혼났어요. 그래도 중간에 잠이 달아난 순간이 있었어요. '메모리'가 나온 대목이지요. 바브라 스트라이샌드가 부른 명곡이 나오니 정신이 번쩍 들더군요. 뮤지컬을 볼 때, 대부분 안 들립니다. 하지만 내가 아는 노래가 나오면 그 자체로 만족스러워요. <맘마미아> 같은 주크박스 뮤지컬이 히트한 이유지요. 관객에게 친숙한 노래들이 연이어 나오거든요.

런던 웨스트엔드나 뉴욕 브로드웨이의 뮤지컬은 지상 최고의 볼거리라고 생각합니다. 런던이나 뉴욕에 간다면 놓치지 마세요.

4장

미룬다고
더 좋아질 일은 없다

출근이 괴로우면
출근길이라도 즐겁게!

회사에 출근하는 일이 죽도록 괴로웠던 적이 있나요? 2016년의 제가 그랬어요. 교대 근무 때 오전 교대 시간이 7시 30분이었어요. 전날 오후 5시에 출근해 밤을 새운 야근자가 정시에 퇴근하려면 7시 20분까지는 상암동 사옥으로 가야 해요. 그 시간에 맞춰 출근하려면 새벽 5시 30분에는 집을 나서서 전철을 타야 합니다. 저와 맞교대하는 야근자는 〈PD수첩〉의 한학수 PD였어요. 드라마 PD와 시사 PD에게 그곳은 유배지나 다름없었어요. 가뜩이나 출근하기도 싫은데 새벽 5시에 일어나려니 얼마나 힘들겠어요. 정말 미치겠더군요.

고민을 했어요. '이토록 괴로운 출근을 조금이라도 즐겁게 만들려면 어떻게 해야 할까?' 회사 출근하기가 힘들다면 적어도 출근하는 과정이라도 즐겁게 만들어야겠다고 생각했어요. 그래서 전철에서 좋아하는 책도 읽고 했는데요. 독서로 마음을 다스리는 것도 한계가 있더군요. 책을 읽다가도 문득문득 화가 치밀어 오르더라고요.

괴로울 땐 무조건 내가 좋아하는 활동을 합니다. 평소 자전거 타기를 즐기니 출근도 자전거로 하고 싶었어요. 마침 집 근처에 양재천 자전거길이 있고, 한강 자전거길을 따라가면 상암 MBC 사옥으로 가는 홍제천으로 이어지거든요. 집에서 나와 회사까지 자전거 도로만 한 시간 반 가까이 달립니다. 안전한 자전거 도로를 달려 출근할 수 있어요.

한강 자전거길을 달리다 보면 계절의 변화를 느낄 수 있어요. 봄이면 길을 따라 색색의 꽃이 피고, 여름이면 한강 수영장이 개장하고, 가을이면 갈대가 우거집니다. 독서, 여행, 운동을 좋아하는데요. 자전거를 타고 출근하면 제가 좋아하는 세 가지 활동을 동시에 할 수 있어요. 휴대전화로 오디오북을 들으며 독서를 하고, 사시사철 풍광이 변하는 한강변의 자전거 여행을 즐기며, 그 자체로 매일 꾸준한 운동이 되지요.

쓸데없는 고민을 없애는 데에도 자전거 타기가 좋은 처방입니다. 자전거는 속력이 줄면 넘어집니다. 꾸준히 페달을 밟아야 넘어지지 않아요. 자전거는 바퀴가 작은 탓에 조그만 턱에 걸려도 넘어지고 자갈을 밟아도 흔들립니다. 한눈팔거나 딴생각을 할 틈이 없어요. 매일 한강을 달리며 호연지기를 충전한 탓일까요? 하루는 회사에 가서 그만 큰 소리로 "아, 사장님 좀 나가셨으면 좋겠다" 하고 떠들어버렸어요. 주위에 불손(?)한 동료가 많은 탓인지, "네가 그러니까 속은 좀 시원하다"고들 그러더군요. 사장님 탓에 드라마국에서 쫓겨난 제 속도 좀 풀렸어요. 출근하면 하루에 한 번씩 큰 소리로 사장님 퇴진 구호를 외쳤지요.

2017년 6월 13일 저녁, 인사부에서 전화가 왔어요. 자택 대기 발령이 떨어졌으니 내일부터 당분간 회사에 나오지 말라고 하더군요. 다음 날 아침, 새벽 5시에 눈을 떴어요. 평소라면 5시 50분에 자전거를 타고 집을 나서서 오전 7시 반까지 출근해 야간조와 교대를 합니다. 그런데 막상 회사에서 오지 말라니 멍해집니다. 이럴 때, 아무 일 없이 하루를 보내면 위험합니다. 사람은 한가할 때 오만 생각이 들게 돼 있거든요. '아, 그냥 참을 걸 그랬나?', '그때 부장이 왔을 때 잘못했다고 싹싹 빌었어야 했나?'

지나간 일에 대해서는 후회하지 않습니다. 지금 이 순간, 내가 할 수 있는 일이 무엇인가를 찾아봅니다. 갑자기 하루의 시간이 생겼을 때, 뭘 하면 좋을까요? 저는 항상 책 속에서 답을 찾습니다. 책장에 오래도록 꽂혀 있는 책이 있어요. 《아름다운 자전거길 50: 죽기 전에 꼭 달려봐야 할》(이준휘, 중앙북스, 2016)인데요. 마침 6월이니 봄날에 달리기 좋은 코스를 찾아봅니다. '꽃비 내리는 봄철 라이딩 코스 베스트 5'에 탄금호 순환 코스가 있네요.

서울서 충주까지 버스로 두 시간, 코스 주행하는 데 세 시간, 돌아오는 버스 두 시간이니 총 일곱 시간이 걸리는군요. 회사 근무 하루 땡땡이치고 가기에 딱 좋은 코스예요. 바로 자전거를 끌고 나갑니다. 고속버스터미널에 가서 충주행 표를 끊고, 접이식 자전거를 버스 짐 칸에 실어요. 충주에 내려서 네이버 지도를 보고 탄금호를 찾아갑니다. 책을 보니 충주 세계무술공원에서 자전거길로 진입할 수 있군요. 휴대전화 GPS와 인터넷 지도 덕에 길 찾기는 어렵지 않아요.

탄금호 순환 코스는 자전거 전용 도로예요. 주말이라면 라이더로 북적이겠지만, 평일인지라 사람이 없습니다. 혼자 호젓하게 자전거 로 호수 주변을 돕니다. 코스도 좋고 자전거 표시판도 잘돼 있어 어 렵지 않게 한 바퀴 돕니다. 퇴직하면 전국의 자전거길을 찾아다니며 유랑을 하고 싶어요. 퇴직 후 누리고 싶은 일상을 대기 발령 중에 미 리 누려봅니다. 퇴사 예행연습으로 참 좋네요. 호숫가 정자 옆에 자 전거를 세우고 쉬어 갑니다. 가져온 책 한 권을 펼쳐놓고 읽습니다. 호숫가에서 상큼한 봄바람이 불어옵니다. 이렇게 하루하루 살 수 있 다면 잘린들 대수랴 싶어져요. 갑자기 겁이 없어지고 호탕한 기운이 가슴을 채웁니다. 그때 아는 기자분이 전화를 하셨어요. 안부를 묻 는 목소리에 걱정이 묻어납니다.

"PD님, 대기 발령 기사 봤어요. 괜찮으시죠?"

껄껄 웃으면서 "아, 그럼요, 저는 잘 지냅니다" 하고 답했는데, 수 화기 너머에서 들려오는 목소리에는 안쓰러움이 가득해요. "PD님, 힘내셔야 합니다. 응원합니다!" 걱정이 많이 되는 눈치예요. 나는 진짜 괜찮은데.

집에 들어앉아 자숙 모드로 지내다 전화를 받았다면 기가 죽어 목소리에 힘이 없었을 거예요. 하지만 자전거로 탄금호를 돌면서 멋진 풍광을 보며 호연지기를 충전한 참이었거든요. '캬아, 코스 죽이네! 죽기 전에 가봐야 할 자전거길이 이렇게 많은데 뭐가 걱정이야. 까짓것 저들이 기껏해야 해고밖에 더 하겠어? 그럼 이렇게 자전거로 전국 유랑이나 다니지, 뭐.'

다음 날 다시 회사로 갔어요. 읽던 책을 사무실에 두고 왔거든요. 책을 가지러 갔는데 신분증을 막아놔서 출입이 봉쇄됐더군요. 20년을 다닌 회사에 들어가지도 못하는 신세예요. 출입을 막는 보안 직원 앞에서 다시 외쳤죠. "김장겸은 물러나라!" 당시 경영진은 황당했겠지요. '저놈은 대기 발령도 약발이 안 먹히는구나' 하고요. 이게 다 탄금대에서 충전한 호연지기 덕분입니다.

탄금호 자전거 여행 코스

충주 종합버스터미널 – 충주 세계무술공원 – 탄금교 – 중앙탑공원 – 조정경기장 – 조정지댐 – 목행교 북단 – 충주자연생태체험관 – 충주댐 – 충주 세계무술공원 – 충주 종합버스터미널

탄금호는 당일치기 자전거 여행 코스로 좋아요. '저들이 내게 무엇을 할까?' 이것을 고민하면 힘들고 지쳐요. '저들이 내게 준 벌을, 내가 상으로 활용하는 방법은 무엇일까?' 이렇게 관점을 전환해봅니다. 그럼 무엇이 오든 즐길 수 있어요. 대기 발령을 이용해 자전거 여행을 떠났고요. 다녀와서 인사위에 올라가 대차게 붙었어요. 역시 싸움 하면 기싸움이에요. 기득권을 갖고 있다고 생각하면 기싸움에서 눌립니다. 잃을 게 있다고 생각하는 순간 겁이 나거든요. 저는 가진 게 하나도 없다고 생각해요. 오히려 제가 세상에서 얻을 게 많지요. 그렇게 생각하는 순간 마음이 편안해지고 싸움에서도 눌리지 않아요. 잃을 게 없다고 각오해야 모든 걸 얻을 수 있는 법이니까요.

목적지가 중요하지
않을 때도 있다

숙박비가 안 들고 휴가를 따로 쓸 필요가 없다는 점에서 당일치기 자전거 여행을 좋아합니다. 다만 자전거로 하루에 갈 수 있는 거리가 짧다는 한계가 있어요. 제가 좋아하는 방식은 갈 때는 자전거로 최대한 멀리 가고, 올 때는 전철에 자전거를 신고 돌아오는 겁니다. 그렇게 다니면 꽤 먼 거리도 자전거로 여행할 수 있어요. 기차를 활용한 자전거 여행 코스 세 개를 소개합니다.

서울 근교 자전거 여행 베스트 3

❶ 북한강 자전거길: 가평 자라섬 + ITX 청춘

(편도 80km / 5~6시간 / 난이도 중)

북한강 자전거길은 서울 근교에서 제가 가장 좋아하는 자전거 코스입니다. 길도 좋고 풍광도 좋아요. 춘천까지 당일에 왕복하기엔 좀 멀지요. 그럴 때는 철도청에서 운영하는 'ITX 청춘'의 자전거 좌석을 이용합니다. 코레일 앱을 이용해 기차표를 끊을 때, 자전거 좌석으로 예매하면 자전거를 기차에 실을 수 있습니다. 아침에 집을 나서서 한강 자전거길로 옥수역까지 갑니다. 옥수역에서 오전 9시 10분 기차를 타면 9시 55분에 가평에 도착합니다. 자라섬이나 남이섬을 둘러보고 점심 먹고 서울로 출발하면 해지기 전에 돌아올 수 있어요.

가평, 청평, 대성리 등 예전에 경춘선 타고 MT 갔던 곳을 자전거로 돌아보는 맛이 있어요. 대학 시절의 낭만을 되새기러 대성리에 들러 놀기도 해요. 중간에 경춘선 자전거길과 북한강 자전거길로 나뉘는데 이때 북한강 길을 선택하는 편을 권합니다. 경춘선 옛길은 언덕이 많고, 중간에 공사 구간이 있어 길이 끊기기도 해요. 자전거 여행은 강을 따라가는 게 낫습니다. 물길은 평지를 따라 나 있거든요. 숙련자라면 춘천까지 기차로 갔다가 돌아오는 것도 욕심 내볼 만합니다. 오다가 정 힘들면 경의중앙선에 자전거를 실어도 되거든요.

❷ 남한강 자전거길: 다산생태공원 + 경의중앙선

(편도 60km / 4시간 / 난이도 중)

제가 좋아하는 서울 인근 여행지 중 하나가 양평입니다. 어렸을 때는 팔당댐으로 드라이브도 자주 다녔지요. 요즘엔 자전거로 갑니다.

남한강 자전거길 덕분에 길이 좋아졌어요. 아침에 집을 나서서 한강을 타고 하남시 방향으로 달리다 팔당대교를 건넙니다. 남양주에 있는 다산유적지도 좋고, 다산생태공원도 좋아요. 세미원도 즐겨 찾는 여행지입니다. 북한강과 남한강이 만나는 두물머리에서 점심을 먹고, 강을 보며 책을 읽거나 낮잠을 청하다 다시 길을 갑니다. 양평에는 당일치기 자전거 여행 코스로 다니기에 좋은 곳들이 참 많아요.

다산유적지에서 한 시간 쉰 걸 포함하면 자전거를 탄 지 다섯 시간 만에 오빈역에 도착했어요. 이제 전철 타고 집으로 돌아옵니다. 주말에는 경의중앙선에 자전거를 실을 수 있어요. 접이식 자전거라면 평일에도 가능하고요.

❸ 아라 자전거길: 서해 + 공항철도

(편도 50km / 약 3시간 30분 / 난이도 중)

자전거를 타고 바다를 보러 갈 수도 있어요. 한강 자전거길로 잠실에서 여의도를 향해 달립니다. 안양천을 만났다가 행주대교 아래를 지나면 아라뱃길 자전거길이 나옵니다. 바닥에 '국토 종주'라고 된 표식을 따라갑니다. 아라 자전거길은 길이 참 좋아요. 한강 자전거길 반포 지구나 여의도 지구는 피크닉 나온 가족이나 아이들이 많아 신경을 좀 써야 합니다. 아이들이 자전거길로 갑자기 튀어나올 수 있어요. 사고의 위험이 있지요. 하지만 아라뱃길은 사람이 없어요. 김포에서 인천까지 그냥 썰렁하니 아라뱃길뿐입니다.

사람이 없어 자전거 타기는 참 좋은데, 속은 좀 상하네요. 4대강 사업의 하나로 만든 아라뱃길, 중국에서 오는 유람선이 한강까지 바로 들어오네 어쩌네 하더니 지금은 오리배 한 척 안 보입니다. 중간중간 웅장한 유람선터미널들만 텅 빈 채 버티고 있지요.

세 시간을 달리면 서해에 도착합니다. 아라인천여객터미널에 도착한 뒤, 청라국제도시역에서 공항철도를 타고 서울로 돌아옵니다 (공항철도는 주말에 자전거를 휴대하고 승차할 수 있습니다). 네이버 지도에 아라뱃길에서 전철역까지 자전거 경로가 나와 있어요. 바다라고는 하지만 풍광을 기대하진 마세요. 아기자기한 해변 마을 대신 화물선 터미널이 있으니까.

자전거 여행에서는 목적지가 중요하진 않아요. 페달을 밟는 매 순간, 코너마다 나타나는 새로운 풍광, 옆에 피어난 꽃들, 멀리 보이는 산자락 등 과정을 즐기는 게 진짜 여행입니다. 인생도 그렇지 않을까요? 삶의 목표는 중요하지 않더라고요. 꿈을 좇는 하루하루의 일상이 소중하지요.

인생관은 20대에 만들어지고, 인생은 50대에 만들어진다

2015년 〈여왕의 꽃〉을 만드는 동안, 회사에서 속상한 일이 많았어요. 드라마가 끝나고 마음을 달래고자 자전거를 타고 춘천에 갔어요. 북한강 자전거길을 달리는데 앞서가는 자전거 한 대가 눈에 띄었습니다. 뒷바퀴에 패니어 가방을 양쪽으로 메고 가는 걸 보니 텐트랑 캠핑 장비까지 갖춘 자전거 여행자 같았어요. 어디까지 가는지 궁금했어요. 따라잡고 보니 서양인 할아버지였어요. 두 달 동안 한국과 일본을 자전거로 돌기 위해 온 미국인 여행자랍니다.

할아버지의 여행 일정은 이랬어요. 인천공항에 도착해 서울에서 북한강 자전거 도로로 춘천까지 가고, 거기서 국도로 양구를 지나 태백산맥을 넘어 고성까지 갑니다. 고성에서 삼척까지 240킬로미터 구간은 동해안 자전거 도로를 타고, 부산까지 쭉 갑니다. 부산에서 배를 타고 일본 규슈로 넘어가 자전거 여행을 한 후, 다시 부산으로 돌아와 4대강 자전거길을 통해 서울로 올라옵니다. 이야기를 듣는 순간, 입이 쩍 벌어졌어요. '와, 멋지다! 나도 이 할아버지처럼 살고 싶다!'

나이를 여쭤보니 69세랍니다. 그 나이에 지구 반대편, 한 번도 온 적 없는 나라에 자전거 한 대 들고 와서 노숙하면서 여행을 다닙니다. 보통은 공원 한구석 잔디밭에서 텐트 치고 자는데 어제는 자라섬 캠핑장에서 1만 5000원을 내고 쉬었답니다. 간만에 '핫 샤워'를 해서 좋았다고 하시더군요.

식사는 어떻게 하냐니까, 한국에는 곳곳에 24시간 편의점이 있어 컵라면으로 끼니를 때우기 참 좋답니다. "음식은 잘 맞나요?" 했더니, 하루 100킬로미터씩 자전거로 달리면 허기가 져서 무엇이든 잘 먹게 된다고. 아, 이 할아버지 진짜 멋진데요?

이런 분을 보면 그냥 보내드리기 아쉽지요. "저도 자전거로 춘천 가는 길입니다. 춘천에 가면 닭갈비라고 유명한 음식이 있는데 그걸 먹어야 합니다. 혼자 가면 주문하기 애매하니, 같이 가실까요?" 자전거길에서 만난 두 여행자가 의기투합해서 춘천으로 달렸습니다.

닭갈빗집에서 음식을 기다리며 이런저런 이야기를 하다 보니, 이 할아버지, 자전거 여행 가이드북의 저자십니다. 아마존에 검색해보니 《콜롬비아 자전거 여행》,《네팔 자전거 여행》,《부탄 자전거 여행》 등의 책들이 줄줄 나오더군요. 이름은 토마 벨칙(Tomas Belcik)이고요. 양념 닭갈비는 매울까봐 숯불로 시켰는데, 고기를 고추장에 찍어 드시더군요. 아, 제가 이분을 너무 과소평가했나 봐요.

한국에 와서 본 것 중 가장 인상적인 게 뭐냐고 여쭤보니, 숙박 문화라고 하시더군요. 한강 자전거길을 따라 달리는데 옆에 근사한 호텔들이 많더라는 거죠. 그러다 간판에 크게 '20000원'이라고 적힌 걸 봤답니다. '저렇게 멋진 호텔이 단돈 20달러? 괜찮은데!'라는 생각에 자전거를 끌고 가서 1만 원짜리 두 장을 꺼냈더니, 직원이 난감한 표정을 짓더랍니다. 손가락을 하나 펴고 물어보더래요. "혼자?" "응, 혼자." 그랬더니 직원이 손가락 네 개를 펴며 "Forty Thousand won." 그러더래요. 응? 1만 원짜리 4장? 밖에는 2만 원이라 써 붙여놓고? 외국 사람이라 바가지를 씌우는 건가 싶어 간판을 가리키니, 직원이 그러더랍니다. "투 피플 2만 원, 원 피플 4만 원." 둘이 오면 2만 원이고 혼자 오면 4만 원이라니, 계산이 거꾸로 아냐? 하다 눈치를 챘답니다. '아하! 이 호텔은 용도가 좀 다른 곳이구나!' 웃으면서 미안하다 그러고 나왔다네요. 그 간판, 양수리 언저리에서 저도 본 기억이 있습니다. 대실 2만 원, 숙박 4만 원.

최근 아마존에서 할아버지의 이름을 다시 검색해보니 새로운 책이 올라와 있네요. 《한국 자전거 여행기(Cycling South Korea)》 반가운 마음에 주문해서 바로 읽어봤어요. 책에 제 이야기도 나오네요. 가평에서 양구 가는 길에 만난 한국의 드라마 PD 미키.

벨칙 할아버지는 한국 자전거 여행이 무척 만족스럽다고 하십니다. 자전거 전용 도로가 이렇게 전국에 깔린 나라가 흔치 않다고요. 미국에 사는 할아버지의 또래 친구들은 다들 집에서 TV만 본다는군요. 본인은 죽을 때까지 자전거로 세계 여행을 다닐 거라고. 이렇게 훌쩍 떠나지 않았다면 지구 반대편에 한국이라는 나라가 있고, 그 한국에는 멋진 자전거 여행 코스가 있다는 걸 어떻게 알았겠냐고.

할아버지는 1968년 체코 민주화 운동 시기에 '프라하의 봄'을 이끈 대학생 지도자 중 한 명이었대요. 그러던 어느 날 체코 국경에 소련군 탱크가 진주하고 병력이 집결하고 있다는 소식이 들려옵니다. 친구가 달려와서 재촉했대요. "소련군이 들어오면 넌 잡혀갈 거야. 어서 피해!" 짐을 쌀 여유도 없이 작은 가방 하나 들고 기차에 오릅니다. 당시 건축학을 전공하는 대학생이었는데, 마침 노르웨이 오슬로에서 건축학회 세미나에 참가할 예정이었대요. 무작정 오슬로로 향합니다.

야간열차로 빠져나온 며칠 후에 프라하에 소련군 탱크가 들이닥쳤고 국경이 폐쇄됐답니다. 함께 운동하던 친구들은 잡혀서 감옥으로 갔고요. 벨칙 씨 역시 체코로 돌아가면 바로 감옥행이었대요. 노르웨이 정부에서 정치 난민 자격을 주겠다고 하고, 미국 정부에서도 할아버지의 이야기를 듣고 난민 지위를 제공하겠다고 했어요. 할아버지는 두 나라 중에서 미국을 선택했다고 합니다. 당시 벨칙 할아버지는 노르웨이어는 전혀 할 줄 몰라서 영어를 쓰는 미국이 더 편할 것 같았대요.

미국에 와서 건축 공부를 마치고, 설계사 일을 시작했답니다. 1970년대는 마침 미국 경제의 활황기였어요. 제2차 세계대전 후 유럽에서 건너온 이민자들에겐 일자리의 천국이었지요. 경제 붐과 함께 쇼핑몰이며, 회사 건물이며, 아파트며 온갖 건물이 들어섰어요. 건축 현장에서 열심히 일하던 어느 날, 문득 이런 생각이 들더랍니다. '내가 평생 자본주의 국가에서 노예처럼 일하자고 고국을 탈출한 건가?' 자유를 찾아 다시 훌쩍 떠납니다. 이번엔 피난이 아니라 여행을요. 자전거를 타고 남미로, 인도로, 세계 각국으로 다니고 그 자전거 여행의 기록을 가이드북으로 옮기는 여행 작가가 됐습니다.

정말 멋진 분 아닌가요? 나이 70이 다 돼서 낯선 나라에 자전거 한 대 끌고 가 곳곳을 누빕니다. 텐트 치고 노숙하고, 그 나라에서 제일 싼 음식으로 끼니를 때웁니다. 한 달간 인도를 자전거로 여행한 적이 있는데 경비가 총 350달러(우리 돈 40만 원) 들었답니다. 교통비 안 들지 숙박료 안 들지, 짠돌이 여행으로 자전거 캠핑만 한 게 없어요.

프라하에서 소련군 탱크를 피해 기차 타고 달아나던 밤, 할아버지는 가방 하나 들고 길을 나섰대요. 우리는 평생을 살면서 무언가를 소유하려고 노력합니다. 이것도 필요하고 저것도 필요하고, 없으면 못 살 것 같은 그런 물건들로 인생을 채워갑니다. 그런데 소유는 다시 우리를 옭아매는 짐이 됩니다. 할아버지는 20대에 이미 깨달은 거지요. 인생을 사는 데 많은 게 필요하지 않다는 것을요. 그렇기에 지금도 자전거에 텐트 하나 싣고 훌쩍 떠날 수 있는 겁니다.

저는 살다 힘든 일이 생기면, 도서관에 틀어박혀 책을 읽거나 자전거를 타고 훌쩍 떠납니다. 생각해보면 둘 다 20대에 얻은 습관입니다. 20대에 자전거 전국 일주를 떠나거나 배낭여행을 다니며 생긴 습관이거든요. 인생관은 어쩌면 20대에 만들어지는 게 아닐까요? 인생은 하루하루가 쌓여 만들어집니다. 내 나이 50, 오늘 하루하루가 소중한 인생을 만들어가지요. 인생관은 20대에 만들어지고, 인생은 지금 이 순간 만들어간다는 생각으로 나이 50에 자전거 전국 일주에 도전했습니다.

하고 싶은 게 많아서
매일매일이 즐겁다

1998년 MBC 예능국 조연출로 일하던 시절, 노동 강도가 정말 살벌
했어요. 거의 주당 100시간씩 일했고, 연차를 써본 적도 없어요. 주
말에도 일하고, 연말에도 일하고, 연휴에도 일했지요. 그 시절에는
그렇게 일하는 게 당연한 줄 알았어요.

　그러던 어느 날 기적이 일어납니다. 스포츠 중계방송이 편성되면
서 제가 담당하던 주말 버라이어티 쇼가 결방하게 됐어요. 그 주 방
송분을 다 만들어놓은 상태에서 갑자기 결방이 돼 일주일 정도 쉴
수 있게 됐어요. 보통은 그럴 때 부족한 잠을 보충하는데요. 저는 눈
앞에 동해가 아른거렸어요.

　대학 신입생 시절 자전거 동아리에서 전국 일주를 할 때, 가장 아
름다웠던 곳이 포항에서 속초까지 올라가는 동해안 구간이었어요.

오른쪽에는 동해 왼쪽에는 설악산, 산과 바다를 동시에 조망하며 자전거를 탔지요. 속초에서 포항까지 자전거로 달려야겠다고 마음먹고, 고속버스터미널로 가서 버스에 자전거를 실었어요.

속초에서 내려 바다를 향해 달렸지요. 강릉을 향해 달리는 길은 생각보다 힘들었어요. 1987년에는 동아리 회원들과 함께 달렸기에 길을 헤매는 법이 없었어요. 선두에는 전국 일주를 몇 번 완주한 경험이 있는 선배가 있고, 길이 헷갈리면 선배가 먼저 가서 확인하기도 했거든요. 혼자 가니 길을 찾기가 쉽지 않더군요. 도로 표지판에 포항이나 삼척이라고 적힌 큰길로만 달리게 되는데요. 그러다 보니 7번 국도나 산업도로를 주로 타게 됐죠. 옆에 버스나 트럭이 쌩쌩 달려서 겁이 났어요.

힘들게 달리는 와중에 날씨가 끄물끄물 흐려졌어요. 점심 먹으러 들른 식당에서 주인아저씨가 그러더군요. 남해안에 태풍이 상륙해서 동해 해안선을 따라 북상하고 있다고. 오후부터 폭우가 쏟아진대요. 그곳은 작은 해안 마을이었는데 서울로 가는 차편이 없는 곳이라 태풍을 만나면 오도 가도 못 하고 갇힐 참이에요.

속초로 방향을 꺾고 다시 올라갔어요. 자전거 핸들에 달린 백미러로 뒤에서 시커먼 먹구름이 몰려오는 게 보입니다. 태풍을 꼬리에 달고 달리는 형국이었지요. 태풍이 빠른가, 자전거가 빠른가. 폭풍을 소재로 한 영화를 보면, 주인공이 태풍을 피해 달아나는 장면이 나오는데요. 백미러로 먹구름이 몰려오는 장면, 은근히 무서워요.

특히 그 백미러가 자전거 백미러라면….

　부슬비가 쏟아지기 시작했어요. 비를 맞으며 필사적으로 달립니다. 조금 있으면 태풍이 몰아치고 폭우가 쏟아지겠지요. 다행히 태풍에 따라잡히기 직전에 터미널에 도착했어요. 버스 짐칸에 자전거를 싣고 서울로 돌아왔지요. 버스 구석에 비 맞은 생쥐 꼴로 앉아 헐떡거리며 숨을 몰아쉬던 제 모습이 아직도 기억에 선해요.

　이후 한동안 동해안 자전거 여행은 엄두도 못 냈어요. 바빠지기도 했고요. 2016년 봄에 신문을 읽다가 동해안 자전거길 개통 소식을 접했어요. 피가 다시 끓어오르더군요. '동해안 자전거길이라니! 달리고 싶다!'

　저는 해보고 싶은 일이 참 많아요. 하고 싶은 일은 일단 다 도전해봅니다. 열 가지에 도전하면, 일곱 개 정도는 실패하고 세 개 정도는 되는 것 같아요. 그럼 그 세 가지로 글을 쓰고 책을 냅니다. 그 세 가지가 영어 공부랑 글쓰기랑 여행이에요. 슬픈 건, 직업적으로 시도한 일은 잘 풀리지 않았어요. 영업사원도, 통역사도, 예능 PD도, 드라마 PD도 일로는 별로 이룬 게 없어요. 어쩌겠어요, 일이 잘 안 풀리면 놀기라도 잘해야지요.

　다행히 하고 싶은 게 많아서 사는 게 즐거워요. 신문에서 책 리뷰를 보면 책을 읽고 싶고, 극장에서 영화 예고편을 보면 영화를 보고 싶고, 인터넷에서 멋진 풍광을 보면 그곳에 가고 싶어요. 삶은 하루

하루가 다 선물입니다. 읽고 싶은 책을 읽고, 보고 싶은 영화를 보고, 가고 싶은 곳에 갈 기회가 매일매일 주어지니까요. 살아 있다는 건 이래서 참 좋아요. 신문 기사를 통해 나를 설레게 한 동해안 자전거 길, 이번에는 완주할 수 있을까요?

타인에게
희망을 주는 사람

한국에 자전거 전국 일주를 오신 벨칙 씨를 보며 깨달았어요. 항상 미국 자전거 횡단 여행이나 유럽 자전거 일주만 꿈꿨지, 정작 내가 사는 이 나라 이 땅이 누군가에게는 최고의 여행 목적지가 될 수 있다는 걸 잊고 있었다는 걸요. 여행을 즐기기 시작한 첫 번째 계기가 대학 1학년 여름방학 때의 자전거 전국 일주였어요. 나이 스물에 해서 즐거웠던 건 나이 쉰에 해도 재미있겠지요. 나이 50에 다시 자전거 전국 일주에 도전했어요. 2018년 추석 연휴를 살펴보니 징검다리 휴일이 끼어 있어 3일 휴가를 내면 열흘 정도 시간이 나더군요.

전국 일주를 앞두고 먼저 체력 점검을 합니다. 두 가지를 확인하려고 해요. 첫째, 자전거로 하루 100킬로미터를 달릴 수 있는가. 둘째, 이틀 연속 장거리를 뛰어도 문제가 없는가. 주말을 맞아 남한강 자전거길로 양평까지 갔어요. 남한강 자전거길과 경의중앙선 전철이 만나는 지점 중 가장 먼 곳이 양평역입니다. 네이버 지도를 띄워놓고 연구를 했어요. 수도권 전철 노선도에서 당일치기로 갈 수 있는 가장 먼 곳이 어디일까? 남한강 유역에서는 양평역이 만만해 보입니다. 양재천 인근에 있는 집에서 양평역까지 60킬로미터고요. 네이버지도 자전거 경로를 보니 네 시간 소요된다고 나오네요.

토요일 오전, 도서관에서 책 원고를 다듬다가 점심 먹고 2시에 출발했더니 해 질 무렵 양평역에 도착합니다. 주말에는 자전거를 전철에 싣고 돌아와도 되는데요. 저는 역에 묶어두고 옵니다. 양평역에는 자전거 주차장 전용 건물이 따로 있거든요. 누구나 무료로 이용할 수 있고, 실내에 잠금장치가 돼 있어 자전거를 두고 가도 마음이 편안합니다.

자전거는 주차해두고, 전철을 타고 집으로 돌아옵니다. 경의중앙선 종점 가까운 양평역에서 출발하니 앉아서 갑니다. 두 시간 동안 책도 읽고 넷플릭스로 영화도 보고 여유롭게 갑니다. 자전거를 두고 오는 건 여행을 편하게 즐기기 위한 나름의 방책이에요. 자전거 전국 일주, 하다 힘들면 어디든 자전거는 길가에 묶어놓고 그냥 돌아올 거예요. 자전거야 나중에 찾으러 가면 되지 뭐. 몸을 가장 소중히 여기고 아낍니다.

집에 와서 자고, 일요일 아침에 일어나 전철을 타고 양평역으로 다시 갑니다. 9시에 도착해서 자전거를 끌고 나와요. 양평 들꽃수목원에 들러 구경한 후, 자전거를 타고 집으로 향합니다. 컨디션 체크는 잘 끝났지만, 한편으로는 걱정입니다. 대학 1학년 때는 동아리 활동이라 열댓 명이 함께 움직였고 선배의 선도를 따라 달렸지만, 이제는 혼자인데 잘할 수 있을까 하고요.

작년에 건강검진을 받았는데요. 의사 선생님이 근육량이 부족하니 헬스를 하라고 권유하셨어요. 쉰이란 그런 나이인가 봐요. 몸에 이상 신호가 하나둘 나타납니다. 바로 다음 날 동네 문화센터 헬스클럽에 등록했어요.

운동을 하러 가서 보니, 기구마다 무게 조절을 위한 중량판이 있는데 대부분 30~40킬로그램에 맞춰져 있더군요. 저 같은 초보는 한 번 들어 올리기도 힘들었어요. 결국 저는 운동기구를 바꿀 때마다 중량판 홈에 있는 핀을 옮겨 10~20킬로그램에 맞춥니다. 계속 그러다 보니 자괴감이 듭니다. '내가 여기서 제일 약골이구나.' 운동을 시작할 때 나타나는 첫 번째 복병이지요. 잘하는 사람과 나를 비교하는 마음에 초라하게 느껴지고, 가뜩이나 익숙하지 않은 운동에 마음이 더욱 멀어집니다.

요즘엔 운동기구에 앉으면서 이렇게 다짐합니다. '나는 타인에게 긍지를 심어주는 사람이다. 나 스스로 기준을 낮추어 지금껏 운동을 열심히 해온 이들에게 자부심을 안겨주자.' 제가 20킬로그램에 무게를 맞추면, 다른 이가 앉으면서 무게를 다시 더하겠지요. 그들은 뿌

듯함을 느낄 겁니다. 그래요, 나는 운동을 열심히 한 분들에게 자긍심을 심어주는 것으로 역할을 다하는 겁니다.

자전거 전국 일주도 마찬가지예요. 길에서 라이더들을 만나면 다 저를 추월해서 지나가도록 할 거예요. 여성 라이더도, 할아버지 라이더도 저를 사뿐히 즈려밟고 가시게 할 거예요. 하루 200킬로미터를 달리거나, 4일에 종주를 마치겠다고 욕심을 부리지는 않을 겁니다. 최대한 천천히 달리고, 만약 그마저도 힘들면 중간에 포기할 거예요. 국토 종주 도전 실패기를 쓰며 기존에 해내신 분들을 향해 "리스펙!" 하고 외칠 겁니다. 그러다 성공하면? 나이 50에도 자전거 일주를 할 수 있다는 희망을 사람들에게 심어드리면 되고요.

타인에게 자부심을 드릴까요, 희망을 드릴까요? 기왕이면 희망을 안겨드리는 사람이 되고 싶습니다.

매 순간 빨리 달리는 게
중요한 건 아니다

회사를 다니면서 자전거로 전국 일주를 한다, 어렵게 느껴지실 수도 있습니다. 하지만 꼭 빨리, 한 번에 가겠다는 생각만 버리면 누구나 도전할 수 있어요. 저는 주말과 연휴를 이용해 자전거 전국 일주를 했습니다.

서울에서 부산까지 자전거 국토 종주에 5일이 걸린다면 휴가를 딱 하루만 쓰고도 국토 종주를 할 수 있어요. 주말을 두 번 활용하는 겁니다. 첫 번째 토요일에 여주역까지 가고, 일요일에는 충주까지 갑니다. 자전거는 충주터미널에 보관해두고요. 다음 주 금요일에 휴가를 내 충주터미널에 가서 자전거를 타고 부산으로 달리기 시작합니다. 그럼 5일이면 국토 종주를 할 수 있어요. 직장인에게는 휴가도 소중한 자원이니 아껴야지요.

이틀간 달린 후 며칠 쉬었다가 다음 주말에 다시 달리는 이유가 또 하나 있어요. 초반에 진도를 빼야겠다는 생각에 무리하면 갑작스럽게 과도한 운동을 하게 돼 근육이 놀라 탈이 납니다. 이틀만 달리고 4일을 쉬는 덕에 몸에 무리가 덜 갑니다. 웨이트 운동을 할 때는 통증이 느껴질 때까지 하고, 그다음에는 반드시 쉬어야 합니다. 근육은 격한 운동을 한 후 쉬는 동안에 만들어지니까요. 주말 징검다리 라이딩으로 소중한 다리 근육을 만듭니다.

자전거 전국 일주 1일 차

서울 – 팔당대교 – 능내역 – 양평군립미술관 – 이포보 – 여주역

(90km / 6시간/ 난이도 중)

첫째 날 아침, 집에서 자전거를 타고 나와 양재천을 달리다 종합운동장에서 한강 자전거 도로에 합류했습니다. 자전거로 출근하며 늘 달리는 길이지만, '자전거 국토 종주'라고 바닥에 쓰인 글자가 이제는 새롭게 보입니다. 첫 번째 인증센터인 광나루 자전거 공원에 가서 스탬프를 찍습니다.

일정을 짜면서 머릿속도 바쁩니다. 자전거 전국 일주를 하면서 숙박비를 최대한 절감할 수 있는 길이 무얼까? 잠은 집에서 자는 거지요.

첫날, 자전거는 여주역에 묶어두고 전철을 타고 돌아와 집에서 잡니다. 여주까지 전철이 가는 줄 몰랐어요. 나이 들면 가까운 곳을

다니며 전철 여행기를 쓰고 싶다는 생각도 들어요. 전철에 오르기 전 짐받이에 장착한 가방에서 평상복을 꺼내 옷을 갈아입습니다. 전철에서 몸에 쫙 붙는 저지 복장에 헬멧 쓰고 있으면 좀 이상하거든요. 게다가 자전거도 없잖아요.

자전거 전국 일주 2일 차

여주역 – 강천보 – 비내섬 – 충주 탄금대

(70km / 5시간 / 난이도 중)

둘째 날 아침에 전철을 타고 경강선 여주역으로 갑니다. 여주역 자전거 정거장에서 묶어놓은 자전거를 찾아 다시 길을 떠납니다. 경기도 여주시에서 아침에 출발했는데, 어느새 강원도 원주시에 들어섭니다. 내 힘으로 자전거 페달을 밟아도 경계를 넘어선다는 게 참 신기합니다. 한참 달리다 보니, 이런, 자전거 도로 한쪽에 소똥이 있네요. "이크!" 하고 급히 핸들바를 틀어 피해 갑니다. '아무리 시골이라지만 도로에 소똥이 다 있네' 하다가 다시 보니, 소똥이 아니었어요.

야생 자라였어요! 더위를 먹은 듯 자전거 도로 위에 기진맥진하여 쓰러져 있는 거예요. 저러다 자전거에 치이면 어쩌려고? 자전거를 세워두고 근처에 개울이 있으면 옮겨주려고 주위를 살폈어요. 돌려보낼 실개천을 찾은 후 돌아가 보니, 자라가 사라졌어요. '어디 갔지?'

수풀 사이로 쏜살같이 내빼는 자라의 뒷모습이 보여요. 아까 죽은 듯 가만히 있었던 건, 저를 보고 자라도 놀라서 그랬나 봐요. 빠른

263

| 자전거 도로에서 만난 자라

걸음으로 사라지는 자라를 보며, '아, 실수할 뻔했네' 했어요. 왜 그런 경우 있잖아요. 시장에서 우는 아이를 보고 파출소에 데려다줬는데, 나중에 알고 보니 집 앞에서 잘 놀고 있는 아이를 웬 남자가 데려 갔다고 동네가 발칵 뒤집힌다든가 하는 일 말이에요. 제 갈 길 잘 가는 자라를 괜히….

강원도 원주시를 벗어나 충북 충주에 들어섰어요. 경기도, 강원도, 충청도를 오전 반나절에 이어 달리고요. 충주 공용버스터미널에 가서 자전거를 묶어두고 다시 서울로 갑니다. 우등버스를 타면 서울까지 두 시간이 안 걸립니다. 숙박비를 아끼기 위해 오늘도 집에서 잡니다.

자전거 전국 일주 3일 차

충주호 – 수안보

(25km / 1시간 30분 / 난이도 하)

셋째 날 아침, 7시 버스를 타고 충주로 갑니다. 버스터미널에서 자전거가 얌전히 저를 기다리고 있네요. 며칠씩 자전거를 지방 버스터미널에 묶어놓고도 마음이 편하냐고요? 20년 된 낡은 자전거라 그렇습니다. 취미를 위해 큰돈 쓰는 걸 좋아하지 않아요.

자전거 전국 일주를 하려면 좋은 자전거가 필요할 거라 말하는 사람도 있는데요. 자전거가 비싸면 여행이 불편해집니다. 밤에 시골 모텔 앞에 세워놓지도 못해요. 자전거를 방에 들고 들어가는 이도 있어요. 아름다운 경치가 나타나면 자전거는 길에 묶어두고 전망대에 오르거나 정자에 누워 쉬었다 가는데요. 자전거가 비싸면 이런 여유가 사라지지요. 자전거 가격이 뭐 중요합니까, 내 다리가 '100만 불 짜리인데.' 무엇보다 어떤 취미를 즐기는 데 장비로 경쟁하는 문화는 마음에 들지 않아요. 비싼 장비를 찾기 시작하면 끝이 없어요. 제가 가진 것에 만족하며 삽니다.

오전 9시, 충주터미널에 내렸는데 비가 주룩주룩 내립니다. 우중 라이딩은 위험하니 터미널 한쪽에서 책을 읽으며 날이 개기를 기다립니다. 일기예보를 보니 오후가 돼야 비가 그친다는군요. 근처 극장에 가서 영화 한 편 봅니다.

오후 3시, 비가 그친 후 자전거를 끌고 나갑니다. 비 온 직후라 바닥에 물이 고인 곳이 많습니다. 이럴 때는 자전거를 최대한 느리게 탑니다. 이런 날씨에 자전거를 탈 때 중요한 건 빨리 달리는 게 아닙니다. 최대한 느리게, 넘어지지 않고 나아가는 것입니다. 물이 고인 길을 빨리 달리면 흙탕물이 튀어 자전거가 더러워지고요. 옷이 젖어 체온이 떨어집니다.

점심은 롯데리아에서 먹었어요. 혼자 테이블 차지하고 먹어도 어색하지 않은 곳, '혼밥의 성지'지요. 잠은 수안보 온천에 있는 사이판 온천 호텔에서 잤습니다. 자전거 여행자 특가로 3만 원에 독실을 썼어요.

인생에
버려지는 시간은 없다

4일 차 오전 6시에 숙소에서 출발했습니다. 이날은 국토 종주 중 가장 높고 험한 구간을 탑니다. 예전에 부산에서 4대강 자전거길로 서울까지 간다는 사람을 만난 적이 있어요. 어땠냐고 물어보니, 새재 자전거길에서 사고가 나서 종주 포기했다더군요. 의아했어요. 4대강 자전거길이라면, 한강 자전거 도로처럼 강을 따라 평탄한 길이 이어질 텐데 사고가 날 이유가 있나? 그야말로 물정 모르는 생각이었지요.

자전거 전국 일주 4일 차

수안보온천 – 이화령 – 문경불정역 – 상주상풍교 – 낙단보 – 구미보 – 구미시

(137km / 10시간 / 난이도 상)

한강의 하류는 서울을 지나 인천입니다. 낙동강의 하류는 구미를 지나 부산이고요. 한강 자전거길은 하류인 서울에서 시작해 상류인 충주댐까지 가는 코스예요. 낙동강은 안동댐에서 시작해서 부산까지 가고요. 서로 반대 방향으로 흐르는 두 개의 강이 이어질 수가 없는 거지요. 강줄기를 돌려세우는 험준한 고개가 가운데에 있는데, 그게 바로 문경새재입니다.

새재 자전거길은 바로 이화령이라는 백두대간의 준령을 자전거로 넘는 코스예요. 정말 힘들더군요. 그래도 어쩌겠어요, 남은 인생 중 오늘이 가장 젊은 날인데. 나이 50이 넘으니 알겠어요. 이 나이에는 미룬다고 더 좋아질 일은 없다는 걸 말이지요. 외국어 공부든 운동이든 하루라도 젊을 때 시작하는 편이 좋습니다.

이화령을 넘어 부지런히 달립니다. 오늘의 목적지는 구미 버스터미널입니다. 자전거길 주위에는 숙소가 많지 않아 방 구하기가 쉽지 않습니다. 지방에 가면 터미널이나 기차역 근처에 모텔이 많아요. 1993년 영업사원으로 일하며 전국 대리점 출장을 다닐 때 선배에게 배운 노하우예요. 터미널 근처에 있는 모텔에서 방을 잡았는데요. 1박에 4만 원, 가격도 만족스럽고 방도 깨끗해서 좋았어요. 공급이 많으면 경쟁이 치열해 가격 압박이 있거든요. 전국 대리점을 관리하는 외판사원으로 일한 게 내 인생에 무슨 도움이 될까 싶었는데요, 이렇게 또 도움이 되는군요. 역시 인생에서 버려지는 시간은 없어요.

자전거 전국 일주 5일 차

구미 – 달성보 – 창녕보

(120km / 10시간 / 난이도 중)

닷새째 아침에 일어나 모텔에 있는 간단한 아침을 먹습니다. 컵라면, 토스트, 팝콘이 준비돼 있어요. 요기를 하고 길을 나섭니다. 1987년에 자전거 전국 일주를 할 때는 자전거 전용도로가 없었어요. 국도변을 자전거로 달리다 덤프트럭이나 관광버스와 길을 다투어야 했어요. 시골 국도로 달리는 대형 차들은 자전거를 별로 좋아하지 않아요. 덤프트럭의 커다란 바퀴가 위협하듯이 바로 옆으로 바짝 붙어 지나가면 겁이 덜컥 납니다.

나이 50에 제가 다시 자전거 전국 일주에 도전할 수 있는 건, 자전거 전용도로가 만들어진 덕분이지요. 세월이 흐르면서 체력은 약해졌지만, 세상이 좋아졌어요. 그 덕에 다시 전국 일주를 하는 거지요.

점심을 먹으려고 대구 외곽에 있는 식당에 들렀어요. 나오는 길에 주인아주머니가 물었어요.

"비에 맞았능교?"

화창한 날이라 비 맞을 일이 없었거든요.

"아뇨. 전혀!"라고 말씀드리고 나오는데, 뭔가 좀 이상했어요. 왜 오늘같이 좋은 날씨에 그런 질문을 하시지? 다시 생각해보니, 아주머니는 "입에 맞았능교?"라고 물으셨던 거예요. 그런데 전혀 맞지 않았다고 답했으니! 얼른 다시 돌아가 "음식 맛있게 먹었습니다. 저는 비 맞았냐고 물어보신 줄 알았어요" 하고 웃으며 나왔어요.

사람이 이렇게 간사해요. 어려서 20년을 경상도에서 살았는데도, 금세 잊는 게 사투리군요. 모국어도 알아듣기 힘든데, 외국어는 오죽하겠어요? 영어 청취가 안 된다고 좌절할 일은 아니에요.

즐거운 일상을
반복한다

6일 차 아침엔 미리 사놓은 컵라면에 삶은 달걀을 먹고 길을 떠납니다. 이날 부지런히 달려야 해 떨어지기 전에 부산에 도착합니다. 박진고개라 하여 낙동강 자전거길에서 가장 '빡센' 코스를 탑니다. 경사가 심한 고갯길이라 중턱부터는 끌고 올라야 했어요. 가방이 무거운 탓에 자전거를 끌고 오르는 게 꼭 리어카를 미는 것 같았어요. 제 옆으로는 젊은 라이더들이 가볍게 자전거를 타고 올라갑니다. 창피하지만 꿋꿋이 자전거를 끌고 오릅니다. 힘들면 바로 안장에서 내려 끌고 올라갑니다. 이제는 가벼운 마음으로 포기합니다. 나이가 들어 얻은 편안함이지요.

빨리 가는 게 목표가 아니에요. 안전하게 오래오래 즐기고 싶어요. 자전거를 끌고 고개를 오르고, 꾸준히 페달을 밟아 해 떨어지기 전 부산 낙동강 하굿둑에 도착했어요. 자전거 국토 종주, 무사히 완주했습니다.

자전거 전국 일주 6일 차

박진고개 – 창녕 남지 유채밭 – 삼랑진 – 낙동강 하굿둑

(125km / 10시간 / 난이도 상)

2016년 한 해 동안 250권의 책을 읽었다고 썼더니, 페이스북에서 어떤 분이 묻더군요.

"365일 동안 250권의 책을 읽는다는 건 불가능할 것 같은데, 진짜 하신 것 맞습니까?"

추석에 고향에 간다니까, 기차표를 미리 구했냐고 누가 물어보더군요. "표를 끊을 필요도 없고, 고속도로 정체 걱정도 없어요. 자전거를 타고 부산에 갈 테니까"라고 대답했더니 "그게 가능한 얘기야?" 하고 눈이 똥그래지는 사람도 있어요.

가능과 불가능 사이에는 무엇이 있을까요? 저는 일상의 즐거운 반복이 있다고 생각합니다. 2016년 유배지로 발령받은 이후 자전거로 출퇴근하면서 매일 50킬로미터씩 달렸어요. 군 복무를 위해 휴학했을 때, 1년에 200권을 읽어 도서관에서 다독상도 받았어요. 책 읽는 습관이 들어 시간만 주어진다면 한 해 250권 읽는 것도 가능합니다. 독서와 자전거 타기는 제게 즐거운 일상이에요. 독서가 즐겁지 않다면, 1년에 250권 읽기는 정신적 고문이고요. 자전거 타기를 즐기지 않는다면 국토 종주는 그냥 신체에 대한 자학이지요. 불가능한 일을 억지로 하는 게 아닙니다. 내가 좋아하는 일에 최선을 다할 뿐입니다.

자전거 전국 일주 7일 차

울진 – 임원항 – 맹방 해수욕장 – 삼척터미널

(72km / 5시간 / 난이도 중)

7일째 되는 날 아침, 버스를 타고 울진 버스터미널에 내려 바다를 향해 달립니다. 가다 보면 해변 어딘가에서 자전거길 표식을 만날 수 있어요. 바다를 따라 위로 가면 강릉·삼척, 내려가면 포항·부산이 나옵니다. '낭만가도'라고 불리는 길이 있지요. 삼척에서 고성까지 가는 해안도로인데요. 최고의 드라이빙 코스이자 자전거길이에요.

장거리 여행을 하느라 자전거 패니어 가방을 짐받이에 장착하고 나왔어요. 갈아입을 옷이며, 숙소에서 읽을 전자책이며, 휴대전화 충전기며 다 가방에 넣어서 가지고 다녔지요. 접이식 자전거를 준 후배가 있어요. 그 자전거를 전철에 싣고 여행 다닌 이야기를 블로그에 올렸더니, 후배가 좋아하더군요.

어느 날 연락이 왔어요. "집에서 놀던 자전거, 선배님이 잘 활용하시는 모습을 보니 보기 좋습니다. 언젠가 자전거 전국 일주 하는 게 꿈이시라고요. 그럼 이 패니어 가방이 필요할 거예요. 집에서 노는 가방, 드릴게요." 그렇게 얻은 가방입니다. 역시 하고 싶은 일이 있으면 자꾸 떠들어야 해요. 그럼 나를 도와주는 은인이 막 나타나 거든요.

어떤 일이든 꾸준히 하는 비결,
즐거울 것

8일 차 아침, 일찍 일어나 바다를 향해 달립니다. 삼척에도 바닷가 걷기 여행 코스가 있네요. 이름이 이사부길이랍니다. '독도는 우리 땅'이라는 노래에 나오는 동해의 왕 이사부 장군의 해양 개척 정신을 기리는 이름이라고 하네요. 삼척에서 원덕까지 약 100킬로미터에 이르는 해안선을 연결해 보행 데크를 설치했답니다. 군사 지역 일부가 미개통으로 남아 있었는데 2017년 12월에 철책을 철거하고 길을 이어 완전히 개통했어요.

자전거 전국 일주 8일 차

한섬 해변 – 금진 해변 – 안목 해변 – 강릉 경포 해수욕장

(60km / 4시간 / 난이도 중)

| 동해안 자전거길의 추암 촛대바위

1987년 자전거 전국 일주 당시 동해안 7번 국도를 자전거로 달릴 때 아쉬웠던 점이 있어요. 바닷가에 살벌한 군 경계용 철조망이 높이 쳐 있어 전망을 가리더군요. 이번에 여행하면서 보니 높은 철망이 거의 제거됐어요. 언젠가 삼척 해변에서부터 이사부길 걷기 여행도 하고 싶어요.

동해안 자전거길 지도를 보면 인증센터 이름 중 하나가 '추암 촛대바위'입니다. 와서 보니 김홍도 화백이 그린 '금강사군첩'의 소재가 된 풍경이더라고요. 파도가 만들어낸 기암괴석의 모습이 절경을 이룹니다. 추암 촛대바위, 처음 와 봤어요. 예전에 한 번도 들어본 적이 없는 곳이에요. 경치가 좋아 자전거를 묶어놓고 혼자 산책을 하며 한참을 쉬었다 갑니다.

나름대로 여행을 많이 다녔다고 자부하는데, 이 좋은 곳을 왜 몰랐을까요? 동해안 여행은 늘 자동차로 왔어요. 서울에서 차를 타고 오면 양양 낙산사나 정동진, 속초, 강릉까지 왔다가 바다를 찍고 돌아갑니다. 동해를 보는 순간, '끝!' 하고 돌아갔으니 삼척까지 온 적이 없었던 거죠.

자전거로 동해안을 따라 살살이 훑고 가니까 놓치는 풍광이 없어요. 자전거는 가다가 멋진 풍광이 보이면 바로 세울 수 있어요. 기차를 타거나 고속도로를 달릴 때는 주변 풍광이 멋지다고 바로 멈출 수가 없잖아요? '야, 저기 좋은데?' 하는 순간 이미 지나가 버린 후지요. 자전거는 '아, 좋은데?' 하면 바로 세울 수 있어요. 자전거 여행의 또 한 가지 장점이 느리지만 멈춤의 미학이 있다는 거예요.

동해안에 예쁜 해변이 이렇게 많은지 미처 몰랐어요. 중간에 자주 쉬게 됩니다. 한적한 바닷가에 앉아 '멍 때리는' 시간이 많아요. 오후에는 일찍 마치고 푹 쉽니다. 오후 3시에 방을 잡고, 해가 질 때까지 경포 해안에서 책도 읽고 산책도 하며 쉬었어요.

동해안 자전거 여행 중이지만, 동남아 휴양 온 듯 다닙니다. 자전거 전국 일주의 테마도 두 가지로 나누는 거죠. 4대강 자전거길은 관광, 동해안은 휴양 식으로요. 앞에서 빡세게 달리고. 뒤에서는 쉬엄쉬엄 갑니다. 인생도 그렇게 살려고요. 젊어서는 열심히, 나이 들어서는 여유롭게. 50 이후로는 일보다 여가가 우선인 삶을 살고 싶어요.

자전거 전국 일주 9일 차

강릉 경포 해변 – 지경공원 – 양양 동호 해변 – 속초 – 고성군 공현진 옵바위

(85km / 6시간 / 난이도 중)

9일째 되는 날, 경포대 앞바다에 떠오르는 해를 보며 페달을 밟습니다. 새벽이라 아직 상당히 춥습니다. 차가운 바닷바람을 얼굴에 그대로 맞습니다. 자전거는 심지어 맞바람이지요. 바람이 전혀 없는 날도 자전거를 시속 20킬로미터로 달리는데 맞바람 풍속이 20킬로미터라면 합이 40킬로미터의 역풍이 됩니다. 맞바람이 심할 땐 오르막을 달리는 것과 같아요. 이럴 땐 기어를 바꿔 천천히 갑니다. 괜히 바람과 맞짱 뜨지 않습니다. "너, 바람? 난 소심한 중년. 내가 천천히 갈게. 좀 봐주라."

동해안에 서핑을 즐기는 이들이 많아요. 붐인가 봐요. 추석 연휴, 쌀쌀한 동해에서 서핑을 즐기는 청춘들이 부럽습니다. 저게 청춘의 특권이지요. 바람에 맞서 파도를 즐기는 것.

쌀쌀한 아침에 자전거로 달리니 뜨끈한 국물 생각이 간절합니다. 해변 편의점에 들러 1150원 내고 튀김우동을 사 먹습니다. 오전 7시라는 이른 시각에 단돈 1달러에 뜨끈한 국물과 면을 먹을 수 있는 나라, 많지 않아요. 한국은 여행하기 참 좋은 나라입니다.

이날도 자전거 여행은 오후 3시를 기해 접습니다. 바닷가 모텔에 방을 잡고 깨끗이 씻고 옷을 갈아입은 후, 한량처럼 바닷가를 어슬

렁거리다 풍경 좋은 카페에 들어가요. 책을 읽기도 하고, 바다를 보며 멍하니 있기도 해요.

추석 연휴에 다녀온 여행기를 11월이 넘어 블로그에 올리니 방명록에 '현장감이 떨어져서 아쉽다'라는 의견이 올라왔어요. 인정합니다. 여행을 다니며 바로바로 여행기를 올린다면 생생한 느낌이 들어 더 좋겠지요.

자전거 여행기를 실시간으로 연재하려면, 우선 자전거 패니어 가방에 노트북을 넣어 가야 합니다. 노트북을 넣는 순간, 충전기도 넣어야 하고, 짐이 무거워질 거예요. 무엇보다 자전거를 타고 가다 넘어질 때도 있는데요. 그럴 땐 노트북이 망가질까봐 신경 쓰이겠지요. 종일 자전거를 탄 후 매일 저녁 글을 써야 한다면, 그 부담도 클 거예요.

추석 연휴에는 블로그도 쉬어야지요. 휴가를 온전히 즐기기 위해 휴가 중에는 새 글을 올리지 않습니다. 기존에 써둔 글을 발행만 해요. 여행할 때는 간단히 메모를 하거나 휴대전화로 사진만 찍어둡니다. 여행이 끝난 후, 메모에 살을 붙이고 사진에 설명을 달아 글을 완성합니다.

자전거 일주가 끝나고 한 달이 지났지만 새벽에 컴퓨터 앞에 앉아 조용히 글을 쓰다 보면, 그날의 즐거운 추억이 생생하게 살아납니다. 여행을 오래 즐기는 제 나름의 방법이에요. 여행할 때는 여행만 즐기고, 글을 쓸 때는 글에만 집중합니다. 그래야 여행도 즐겁고, 글쓰기도 즐거워요.

드라마 PD는 일을 할 때 항상 시간에 쫓기며 삽니다. 일주일마다 꼬박꼬박 120분 분량을 촬영하는 게 쉬운 일이 아니거든요. 드라마 끝나고 쉬면서 취미 삼아 하는 블로그마저 시간에 쫓기듯 하고 싶지는 않아요. 즐거움을 위해 때론 포기하는 게 있어요. 여행기의 경우 시의성이겠지요.

나이 50이 되니 모든 걸 가질 수 없다는 말에 공감하게 됩니다. 내게 가능한 것을, 내가 즐길 수 있는 범위 안에서 최선을 다하며 삽니다. 즐거움을 유지하는 것, 그것이야말로 어떤 일을 꾸준히 오래 하는 비결이라 생각해요. 영어 공부든, 글쓰기든, 여행이든 말이죠.

눈에 보여야 마음이 움직이고,
마음이 움직여야 몸이 따라간다

10일 차, 자전거 전국 일주 마지막 날입니다. 속초에서 고성 가는 길에 '평화 누리길'을 만납니다. 아, 이름 참 좋네요. '모든 이들이 평화를 누리길.' 평화 누리길을 달리다 북천철교 인증센터에 도착했어요. 자전거 전국 일주 스탬프북에 도장을 또 하나 꾸욱 찍습니다. '참 잘했어요.' 스탬프북에 남은 칸은 이제 딱 하나입니다. 통일전망대.

자전거 전국 일주 10일 차

고성군 옵바위 – 북천철교 – 통일전망대

(30km / 2시간 / 난이도 중)

고성 가는 길에 금강산 콘도가 보이네요. 예전에 육로를 통해 금강산 관광을 간 적이 있어요. 자전거길을 따라 난 차도를 타고 북으로

| 국토종주를 함께한 지도와 스탬프북

넘어갔지요. 그 시절에는 블로그를 하지 않아 여행기를 따로 남기지 않았어요. 남은 사진도 한 장 없어요. 진짜 아쉬워요. 저는 그때 금강산 관광은 언제고 다시 하게 될 줄 알았거든요. 여행은 할 수 있을 때 해야 하고, 기록도 그때 남겨야 한다는 생각이 들어요. 기록과 사진이 없는 여행은 어느샌가 잊히고 말아요.

드디어 통일전망대 출입 신고소에 도착했어요. 우리나라에서 자전거를 타고 갈 수 있는 최북단 지점입니다. 여기가 자전거의 북방한계선인 셈이죠. 이제 스탬프북 마지막 칸에 도장을 찍습니다.

주조정실에서 유배 생활을 할 때, 답답한 속을 풀려고 북한강 자전거길을 달렸어요. 한강변 남양주에 있는 다산유적지에 다녀오던 길에 '밝은 광장'이라는 북한강 자전거길 인증센터를 지났어요. 자전거 라이더들이 줄을 서서 스탬프를 찍더군요. 당시 서울 둘레길 완주 도전하느라 스탬프를 모으는 재미에 빠져 있었거든요. '자전거길에도 스탬프북이 있구나!' 그때 알아채고 저도 한 권 샀어요.

이듬해에 제주도 자전거 여행 가서 제주도 환상 자전거길 완주를 하며 도장을 다 모았지요. 스탬프북을 보니 문경새재며 낙동강이며 동해안이며 전국적으로 자전거길이 생겼더라고요. 전부 찾아다니며 도장을 모으고 싶었지만 한동안 시간이 나지 않았어요. 책상 서랍 한구석에 처박아둔 수첩이 서랍을 열 때마다 말을 걸더라고요.

"나랑 어서 전국 일주 가야지?"

동기를 불러일으키려면 자꾸 눈에 띄어야 합니다. 읽고 싶은 책은 눈에 띄는 곳에 둬야 해요. 가고 싶은 곳이 있으면 가이드북이라도 사서 책장에 꽂아둬야 합니다. 눈에 들어와야 마음이 움직이고, 마음이 움직여야 몸이 따라가거든요.

2년 전, 다산생태공원을 다녀오는 길에 저 자신과 두 가지 약속을 했어요. 하나는 유배지에 있는 동안 매년 한 권씩 책을 쓰자는 것이고, 다른 하나는 매년 자전거 여행을 다니자는 거예요. 여권이 없어 해외에 나가지 못한다면, 자전거로 팔도 유랑을 하고 글을 쓰자고 다짐했어요. 세상을 내 뜻대로 할 수 없다면, 적어도 내 삶은 마음먹은 대로 살아보려고요.

첫 번째 화살은 맞아도
두 번째 화살은 피하자

자전거 전국 일주를 하고 싶은데 엄두가 나지 않는다면, 먼저 제주도 자전거 일주를 해보세요. 자전거 타는 게 조금 서툴러도 한 번은 도전할 만하거든요. 차로 붐비는 대도시에서 자전거를 타기는 힘들어도 한적한 제주도 바닷가라면 한결 편안한 마음으로 페달을 밟을 수 있잖아요?

제주도 자전거 도로는 말 그대로 환상입니다. 환상(環象), 고리 환에 모양 상. 그러니까 섬을 둥글게 도는 코스거든요. 생긴 것도 환상, 코스도 환상이에요! 공항에 내려 자전거 대여점에 가서 자전거를 빌린 다음, 제주도 환상 자전거길을 찾아갑니다. 길 찾기는 아주 쉬워요. 제주도 어디에 있든 바다 쪽으로 달리다 보면 어디선가 바닥에 파란 선으로 이어진 자전거 도로를 만날 수 있어요.

| 제주도 자전거 도로

　올레길은 성산 일출봉에서 시작하여 시계 방향으로 도는데요. 자전거 일주를 할 생각이라면 제주시에서 애월 쪽으로 시계 반대 방향으로 도는 걸 추천합니다. 그래야 바다를 옆에 끼고 달리게 되거든요. 시계 방향으로 돌면 차선 건너편에 바다가 보입니다. 바람도 역방향이고요. 용두암에서 애월에 있는 다락쉼터까지 가는 것이 첫 번째 코스입니다. 다락쉼터에서 도장 하나를 찍고 점심을 먹었습니다. 한 구간의 거리가 평균 20킬로미터 정도 됩니다. 한 시간 반에서 두 시간 정도 걸리는 거리지요.

　바닥에 난 자전거 그림만 따라가면 바닷길, 마을길, 산길 고루 탈 수 있어요. 길을 잃어 헤맬 일도 없고, 자동차랑 도로를 다툴 일도 없어요. 다만 제주도에서는 가끔 큰 개가 시골길을 가로막고 있기도 해요. '개가 산적도 아니고, 통행세를 걷나?' 보통은 유순한데, 가끔 자전거를 보고 쫓아오며 짖는 개가 있어요. 자전거로 시골길을 달릴 때 위험 요소 중 하나가 개입니다. 갑자기 개가 달려들면 놀라서 핸들을 꺾다가 넘어지거나 도랑에 빠지기도 하거든요. 자전거를 타다 개를 만나면, 개에게 물려서 다치는 것보다 사람이 당황해서 넘어져 다치는 경우가 더 많아요. 개가 나타나면 어떻게 해야 할까요?

더위가 기승을 부리는 한여름에 산을 타다 말벌의 습격을 받는 경우도 있는데요. 말벌은 영역 보호 본능이 강해서 자신의 벌집 근처에 누가 나타나면 침입자로 판단해 공격을 개시합니다. 벌에 쏘였을 때 "아니, 이 조그만 놈이 겁도 없이!" 하고 싸우면, 침입자 경보가 울리면서 벌들이 떼로 덤빕니다. 한 방 쏘인다고 죽지는 않아요. 그런데 사람이 그 자리에 서서 벌과 싸우다 여러 방을 맞으면 쇼크사할 수도 있어요. 벌에게 한 방 쏘이면 무조건 달아나야 합니다. 벌집에서 멀어지면 쫓아오던 벌떼도 돌아갑니다. 그게 집을 지키는 말벌의 본능이니까요.

개도 마찬가지예요. 자전거를 타고 가다 개가 덤비거든 그냥 무시하고 달리면 됩니다. 한동안 쫓아오면서 짖어대다가도 집에서 멀어지면 돌아갑니다. 절대 자전거를 세우면 안 됩니다. 공격 의사로 판단하거든요. "어, 그래. 밥값 하려고 애쓰는구나, 장하다" 하고 웃으면서 사라지면 됩니다.

일을 할 때도 영역 보호 본능이 유난히 강한 사람을 만나게 될 때가 있어요. 내 딴에는 열심히 기획안을 짰는데, 그걸 본 상사가 시키지도 않은 일을 했다고 화를 내는 경우지요. 직원이 독립적으로 판단하는 것을 권위에 대한 도전으로 해석하는 보스가 있어요. 그럴 때는 웃으면서 "네" 하고 물러나면 됩니다. 길길이 뛰는 모습을 보며 '하긴 나보다 연봉도 많이 받는 양반이니, 비싼 몸값 증명하느라 오늘도 애쓰시는구나'라고 생각하면 한결 마음이 편해집니다.

부처님 말씀에 "제1의 화살은 맞아도 제2의 화살은 맞지 말라"라는 게 있습니다. 사슴이 길을 가다 사냥꾼이 쏜 화살에 맞아요. 뒷다리에 꽂힌 화살을 보고 '아니 이놈은 뭔데 이렇게 따끔따끔 아프지?' 하고 화가 나서 그 자리를 뱅뱅 돌면, 사냥꾼이 날린 제2의 화살에 맞습니다. 한 대 맞으면 그 자리에서 달아나야 합니다. 살다가 불행이 찾아올 수도 있어요. 장사가 망하거나, 사기꾼에게 돈을 잃거나. 이건 제1의 화살입니다. 밖에서 돈을 잃었다고 안에서 화를 내면 가정불화가 생깁니다. 이것이 제2의 화살이에요.

여행을 하다 보면 누구나 실수를 합니다. 처음 간 곳이라 길을 헤맬 수도 있고, 현지 사정을 몰라 바가지를 쓰거나 사기를 당하기도 해요. 기분 나쁜 일을 겪었다고 여행 전체를 망칠 필요는 없어요. 홀홀 털고 잊어버려야 여행을 즐길 수 있습니다. 제1의 화살은 누구나 맞을 수 있지만, 제2의 화살은 피해야 해요.

인생이든 여행이든
오는 대로 받아들인다

자전거를 타고 표선 해안도로를 달리다 중산간으로 방향을 꺾습니다. 자전거 도로에서 벗어나 '김영갑 갤러리 두모악'을 찾아갑니다. 김영갑 작가는 20대의 어느 날 훌쩍 제주도로 들어가 스스로 유배 생활을 시작합니다. 산간 마을 허름한 집 부엌에 잠자리를 꾸미고 라면으로 끼니를 때우다 산자락 밭에서 고구마·감자로 허기를 채웁니다. 섬에 홀리고 사진에 미쳐 제주도의 자연 풍광을 카메라에 파노라마로 담으며 삽니다. 루게릭병으로 온몸의 근육이 굳어가는 와중에도 오름에 올라 사진을 찍고 폐교를 갤러리로 꾸몄다는 김영갑 작가의 이야기를 읽다 보면, '정말 불꽃처럼 살다 가는 사람도 있구나' 싶어져요. 김영갑 작가가 쓴 책《그 섬에 내가 있었네》(휴먼앤북스, 2013)를 보면 이런 글이 나옵니다.

나는 사진 작업을 위해서 무리들과 어울려 지내지 않는다. 혼자 견뎌야 하는 무료함과 지루함이 때론 우울하기도 하다. 그런 기분을 달래겠다고 친구들과 어울리다 보면 마음이 혼란스러워진다. 사람들을 만나 무료함을 달래려면 시간과 돈이 든다. 금전적으로 궁색한 나는 혼자 지내며 사진만을 생각한다. 무슨 일을 하더라도 돈이 절약되는 것들만 찾아서 한다. 사진 찍는 사람에게는 사진만을 생각하는 것이 돈을 절약하는 길이다. 돈은 없고 시간이 많은 나는 늘 사진만을 생각한다.

유배 시절, 저도 사람을 만나지 않고 칩거했어요. 오로지 책을 읽고 길을 걷고 글을 쓰며 살았어요. 사람을 만나지 않으니 돈 쓸 일도 없어요. 도서관에서 책을 빌리고, 북한산을 오르고, 한강에서 자전거를 탑니다. 그렇게 살다 보면 문득, '돈 버는 게 아쉽지 않다면, 회사에서 구박해도 걱정은 없겠는데?'라는 생각도 듭니다. 마음이 편안해지지요. 돈 한 푼 버는 것보다 돈 한 푼 아끼는 게 쉽거든요.

김영갑 작가의 글에서 '사진'이라는 단어가 있는 자리에 여행이나 독서, 블로그를 넣어봅니다. 앞으로 살면서 김영갑 작가의 사진에 버금가는 나만의 무언가를 찾는 것, 그게 존재의 이유일 것 같아요.

제주도 자전거 여행 마지막 날, 아침에 일어나니 부슬부슬 비가 내려요. 짐받이에 묶어뒀던 배낭은 방수 덮개를 씌워 등에 멥니다. 산행이나 자전거 여행을 갈 때는 얇고 가벼운 윈드 재킷을 꼭 챙깁니다. 바람이 차면 방풍이 되고, 비가 오면 방수가 됩니다. 갑자기 기온이 내려갔을 때는 보온이 되고요. 비 맞으며 자전거를 탈 때는 보온이 중요합니다. 체온이 1도 내려가면 면역력이 30퍼센트 떨어진다고 하니까요. 다행히 큰 비는 아니어서 그냥 비를 맞으면서 달립니다.

늙고 병들면 안락한 방법으로 세상을 등지고 싶다고 했더니, 누가 그랬어요.

"생로병사가 모두 모여 인생인데, 앞의 좋은 것만 취하고 뒤엣것은 버린다는 건 인생에 대한 예의가 아니지. 늙고 병들어 죽어가는 과정에서 배우는 것도 있지 않을까?"

여행도 그렇습니다. 좋은 날씨, 좋은 경치만 쏙 빼먹고 내뺄 순 없어요. 여행에서 고난이 닥치면 깨달음이 오고 배움이 생깁니다. 비가 오면 비를 맞으며 달립니다. 인생이든 여행이든, 오는 대로 받아들이려고요.

자전거
전국 일주 준비하기

자전거 전국 일주를 위해 필요한 것으로는 무엇이 있을까요? 제가 준비한 것들을
소개합니다.

① 패니어 가방과 자전거 짐받이

10일 동안 여행하려면 속옷이나 휴대전화 충전기 등 챙겨야 할 짐이 많습니다.
배낭을 메고 다니면 어깨와 등이 아파요. 자전거 짐받이에 가방을 다는 걸 추천합
니다. 기존에 쓰던 짐받이는 안장 뒤에 다는 간단한 일체형이었는데요. 짠돌이답
게 인터넷에서 최저가 상품을 주문해서 직접 장착했습니다. 무거운 가방을 싣고
시험 주행을 나갔다가 중간에 틀어지는 바람에 자빠질 뻔했어요. 가방이 한쪽으

로 쏠리면 무게중심이 흐트러져 넘어질 수 있거든요. 평소에는 괜찮지만, 급경사나 급커브에서는 작은 흔들림도 사고로 이어질 수 있습니다. 직접 장착했더니 제대로 조여지지 않았나 봐요. 자전거 가게에 가서 공임을 드리고 제값 주고 새로 샀어요. 역시 전문가의 손길이 필요할 때가 있어요. 짐받이에는 패니어 가방이 좋습니다. 수납공간이 많아 필요한 물건을 제때 찾아 쓸 수 있어요. 짐받이에 배낭을 묶어놓으면 매번 풀었다 묶었다 하기가 번거롭습니다.

2 핸들 바 가방

핸들 바에 장착하는 작은 가방이 있으면 휴대전화를 수납하거나 초콜릿 등 행동식을 보관하기 편합니다. 자전거를 온종일 타다 보면 등에 멘 배낭이나 짐받이에 실린 가방에서 물건을 꺼내는 것도 귀찮을 때가 많아요. 달리는 자전거를 세우고, 자전거에서 내려야 하거든요. 자전거에 탄 상태에서 잠시 멈춰서 바로 물건을 꺼내기에는 핸들 바 가방이 가장 좋습니다. 특히 휴대전화 내비게이션을 보며 자전거 경로를 수시로 확인해야 하는 경우라면, 휴대전화를 핸들 바 가방에 보관하는게 좋습니다. 하루에 100킬로미터를 달리려면 몸의 움직임을 최소화할 필요가 있어요.

3 헬멧과 장갑, 물병 캐리어

자전거 헬멧은 당연히 필수품입니다. 당신은 소중하니까요. 장갑도 손바닥 부분에 패드가 있는 걸 장만합니다. 열 시간 넘게 핸들을 잡고 달리다 보면 손바닥이 아플 때도 있거든요. 얼굴이 많이 타니까 마스크나 보호대를 차는 것도 좋습니다. 서울 안에서만 움직인다면 한강 자전거길 등 곳곳에 편의점이 있어 물 마실 걱정은 없는데요. 지방으로 갈수록 편의 시설이 없어 물 마실 곳을 찾기 어렵습니다.

물병 캐리어를 장착하고 가는 편이 좋습니다.

전국 일주에 필요 없는 것도 있어요. 자전거 수리 용구나 공기 펌프입니다. 전국 일주를 앞두고 펑크를 대비해 수리 용구 세트를 사는 분도 있는데요. 요즘은 길이 좋아 달리다 펑크 나는 경우는 거의 없습니다. 5년째 자전거 출퇴근을 하고 전국 일주까지 다녔지만, 펑크 난 적이 한 번도 없어요. 자전거길에는 라이딩 나온 동호회 사람들이 많습니다. 그들은 거의 전문가 수준의 세트를 가지고 있으니 도움을 청하셔도 됩니다. 인적이 드문 곳이라면 네이버 지도를 검색해 가까운 수리점을 찾아가도 됩니다. 여차하면 자전거 바퀴만 분리해 택시를 타고 가도 되고요.

저는 어떤 일에 도전하기 전에 항상 다른 사람이 쓴 책을 읽습니다. 자전거길이 생기기 전에 혼자 전국을 자전거로 달린 한 20대 청년의 책을 읽었는데요. 국도를 달리다 자동차 터널 안에서 매연 때문에 고생한 이야기며 산속에서 길을 잃어 노숙한 이야기도 있더군요. 그런 책을 보며 용기와 희망을 얻습니다. '이제는 자전거 일주가 정말 쉬운 시대로구나' 하고요. 책에서 꿈과 희망을 얻었으니, 저도 책으로 꿈과 희망을 주는 사람이 되고 싶습니다.

때로는 잘못 탄 기차가
목적지에 데려다준다

다양한 직업의 세계를 거쳐온 건 역마살 덕분이라 생각합니다. 쉽게 빠져들고 또 금세 싫증을 냅니다. 1992년 첫 배낭여행을 다녀오면서 결심했어요. '이 재미난 여행, 매년 한 번씩 다녀보자.' 그 결심 덕분에 2019년 지금까지 매년 한 차례 이상 여행을 다니고 있어요. 그러니까 여행 때문에 '이직의 달인'이 됐다고도 할 수 있지요. 직장 초년병 시절, 휴가를 내기가 쉽지 않아 아예 사표를 냈어요. 예능 PD로 일하다 드라마 PD로 전직한 것도 여행을 다니고 싶은 마음 때문이었고요. 여행을 좋아하니, 노후에 하고 싶은 일 중 하나가 여행 작가예요. 여행은 자신 있는데 작가가 어렵더군요. 그래서 8년째 매일 아침 글을 쓰고 있어요. 결국 저의 역마살이 최고의 동기부여가 된 셈입니다.

평생 여행을 하면서 많은 것을 배웠습니다.

'되는지 안 되는지 해보기 전에는 모른다.'

'낯선 것을 익숙한 영역으로 편입해가며 나의 영역을 확장한다.'

'아무리 힘든 여행도 시간이 지나면 추억이 된다.'

'다름을 인정하면 즐거워진다.'

'산을 오르는 가장 확실한 방법은 꾸준히 반복하는 것이다.'

그리고 또 하나가 '잘못 탄 기차가 목적지에 데려다준다'라는 믿음입니다.

1996년 MBC PD로 입사했을 때, 제가 만들고 싶은 건 시트콤이었습니다. 미국의 〈프렌즈〉나 〈사인필드〉 같은 재미난 시트콤을 만들고 싶었어요. 제가 입사하던 해에 때마침 〈남자 셋 여자 셋〉이라는 시트콤이 생겼습니다. 그 프로그램에 지원했지만 발령에서 물을 먹고 〈인기가요 BEST 50〉이라는 프로그램의 조연출이 됐어요.

신입 조연출로서 제일 먼저 한 일은 순위 소개 코너를 촬영하는 일이었는데요. 가수 중에서 한 명을 리포터로 기용해 촬영했습니다. "이번 주 32위는 지난주에서 열일곱 계단 상승한 알이에프의 '고요 속의 외침'입니다" 하는 식으로 소개를 하는 거죠.

가수들은 이 코너를 찍는 걸 싫어했어요. 숫자로 소개되는 순위도 정확하게 외워야 하고, 낯선 가수의 어려운 신곡 제목도 또박또박 말해야 하거든요. '가수는 노래만 잘하면 되지, 왜 순위 소개까지

해야 하나'라며 노골적으로 싫은 기색을 보이는 이도 있었어요. 그래도 어쩌겠어요. 당시 음반 판매에 큰 영향을 미치는 공중파 가요 순위 프로그램이니 무대에 서려고 억지로들 했지요.

제작비가 없어서 제대로 된 스튜디오를 빌릴 수 없었어요. MBC 건물 옥상에 파란색 크로마키 천을 배경으로 찍어야 했어요. 여름엔 덥고 겨울엔 추운 옥상에서 부루퉁한 표정의 가수들에게 최대한 발랄하고 유쾌하고 예쁜 표정을 지어달라고 주문하는 건 정말 힘들었어요. 그때마다 시청률 잘 나오는 인기 시트콤에 발령받아 배우들과 재미나게 촬영하는 입사 동기가 무척 부러웠어요.

세월이 흘러 저도 청춘 시트콤의 연출이 돼 〈뉴 논스톱〉을 만들게 됐어요. 초반에는 시청률이 신통치 않았어요. 게다가 출연 중인 배우가 갑자기 빠지게 됐어요. 제작진은 난리가 났지요. 당장 다음 주부터 새로운 배역을 투입해야 하는데 마땅한 사람이 없었어요. 오디션도 하고 프로필도 뒤져봤지만 딱히 눈에 띄는 연기자가 없는 거예요. 휴일에도 회사에 나와 몇 시간 동안 회의를 했는데 답이 보이지 않아 다들 지쳤어요. 그때 누가 "밥 먹고 합시다!" 해서 다 같이 나가서 저녁을 먹었어요. 당시 여의도 MBC 인근 설렁탕집에 갔는데 TV에서 〈인기가요 BEST 50〉이 방송되고 있었어요.

마침 순위 소개 시간이기에 요즘은 어떻게 하나 관심을 갖고 봤어요. 어떤 신인이 나와서 순위를 소개하는데, 귀엽고 깜찍하고 재믿는데 심지어 유머 감각도 뛰어나 웃기기까지 했어요. '오홋, 저런 친구가 다 있네?' 저녁 먹고 돌아와 담당 PD에게 연락을 했죠. 순위 소개하는 친구가 누구냐고. 그날 밤 11시에 바로 회의실로 불러 오디션을 봤어요. 작가와 연출진이 만장일치로 합격점을 줬고, 바로 그다음 주부터 투입됐어요. 그게 바로 장나라예요.

연기 경험이 전혀 없는 장나라를 청춘 시트콤에서 전격 기용한 이유가 뭘까요? 저는 순위 소개하는 장면을 보고 느꼈어요. '아, 저 친구는 대본을 잘 외우나 보다' 신인을 캐스팅하면 대사를 못 외워 속 썩이는 친구가 많거든요. 장나라 씨는 적어도 그럴 것 같지는 않았어요.

장나라 씨는 원래 대형 기획사에서 아이돌 그룹 데뷔를 하려고 했는데요. 멤버로 발탁되지 못했어요. 할 수 없이 작은 회사로 옮겨 솔로로 데뷔를 했지만, 음반 반응이 신통치 않아 고전하고 있었어요. 그때 가요 순위 프로그램에서 순위 소개 코너 진행을 맡긴 거죠. 다른 가수들이 무대 위에서 화려한 조명을 받으며 팬들의 박수갈채 속에 노래할 때, 자신은 크로마키 천 앞에 서서 50곡의 순위와 가수 이름과 노래 제목을 일일이 외워 최대한 깜찍한 표정으로 연기해야 했어요. 아마 촬영하면서 그런 생각을 했을 거예요. '난 누군가? 또 여긴 어딘가?'

그럼에도 장나라 씨는 열심히 했어요. 그 순위 소개가 시트콤 출연으로 이어지고, 〈뉴 논스톱〉에서 재미난 연기를 선보인 덕에 가수로서의 경력도 성공궤도에 올랐어요. 지금은 가수로도, 배우로도 활발한 활동을 하고 있지요. 배우가 되기 위해 순위 소개를 한 건 아니지만, 때로는 잘못 탄 기차가 목적지에 데려다주기도 해요.

살다 보면 그런 때가 와요. '난 누구인가, 또 여긴 어딘가?' 싶어지는 때 말이지요. 기차를 잘못 탔다면, 어떻게 해야 할까요? 먼저 주위 사람들에게 친절하게 대해야 해요. 엉뚱한 기차를 탄 나 때문에 모두를 불편하게 만들 필요는 없잖아요. 웃으며 인사를 나누고, 즐거운 여행의 동반자가 되는 거지요. 기왕에 잘못 탄 기차, 느긋하게 창밖 풍경을 감상하며 가는 편이 나을지도 몰라요. 그 기차 여행에서 새로운 인연을 만날 수도 있고, 뜻밖의 풍경을 만날 수도 있으니까요.

우리는 인생의 주인이 돼 모든 것을 결정하며 산다고 생각하지만, 인생은 사실 뜻대로 되지 않을 때가 더 많습니다. 뜻대로 되지 않는 인생, 어떻게 살아야 할까요? 십몇 년을 공부하고 준비했는데 내가 가고 싶은 곳에서는 나를 받아주지 않고, 어쩌다 취직한 곳이 꿈의 직장이 아닐 수도 있어요. 딱히 달아날 곳도 없어 하루하루 버티듯 살아내야 할 때도 있고요. 그럴 때는 어떻게 해야 할까요? 잘못 탄 기차가 목적지에 데려다줍니다. '이 기차가 아닌가봐!' 하며 당황하거나 분노하는 대신 기왕에 탄 열차, 여행을 즐기는 거예요.

매년 초가 되면 우리는 결심을 하지요. '올해는 영어 공부를 하겠어.' '올해는 다이어트를 하겠어.' '올해는 자격증을 따겠어.' 저는 새해 목표를 따로 세우지 않습니다. 그냥 아침에 일어나 그날 가장 하고 싶은 일을 가장 열심히 합니다. 좋아하는 일을 열심히 계속하다 보면 좋아하는 일이 잘하는 일이 되고, 좋아하고 잘하는 일이 언젠가 직업이 될 수도 있어요. 안 되면 또 어때요? 좋아하는 일을 실컷 했으니 그것으로 된 거죠. 인생은 대충대충 삽니다. 대신 하루하루는 열심히 알차게 살아요.

진짜 행복한 사람은 행복이 무엇인지 신경도 안 쓸 거예요. 지금 이 순간 최선을 다해 즐겁게 살고 있을 테니까요. 이렇게 즐거운 하루하루가 이어져 언젠가는 행복한 삶으로 완성되기를 희망합니다. 배우가 되기 위해 순위 소개를 하는 건 아니에요. 여행 작가가 되기 위해 유배지 발령을 자원하는 사람도 없고요. 하지만 때로는 잘못 탄 기차가 목적지로 데려다줍니다. 그걸 믿어야 삶의 모든 순간이 즐거워지고, 인생의 의미를 찾을 수 있어요.

삶은, 하루하루가 다 선물입니다.

내 모든 습관은
여행에서 만들어졌다

초판 1쇄 발행 2019년 5월 24일 **초판 8쇄 발행** 2023년 8월 1일

지은이 김민식
펴낸이 이승현

출판2 본부장 박태근
W&G 팀장 류혜정
기획 고래방 최지은
디자인 함지현

펴낸곳 ㈜위즈덤하우스 **출판등록** 2000년 5월 23일 제13-1071호
주소 서울특별시 마포구 양화로 19 합정오피스빌딩 17층
전화 02) 2179-5600 **홈페이지** www.wisdomhouse.co.kr

ⓒ 김민식, 2019

ISBN 979-11-90065-69-6 03320